老莊心解

范曾 著

中華書局

图书在版编目（CIP）数据

老庄心解/范曾著. —北京：中华书局，2017.3
ISBN 978-7-101-12354-8

Ⅰ.老… Ⅱ.范… Ⅲ.①老子-哲学思想-研究②庄周（约前369~前286）-哲学思想-研究 Ⅳ.B223.05

中国版本图书馆 CIP 数据核字（2016）第 299098 号

书　　名	老庄心解
著　　者	范　曾
编　　者	薛晓源
篆　　刻	王玉忠
责任编辑	孙永娟
装帧设计	毛　淳
出版发行	中华书局
	（北京市丰台区太平桥西里 38 号　100073）
	http://www.zhbc.com.cn
	E-mail：zhbc@zhbc.com.cn
印　　刷	北京雅昌艺术印刷有限公司
版　　次	2017 年 3 月北京第 1 版
	2017 年 3 月北京第 1 次印刷
规　　格	开本/720×1020 毫米　1/32
	印张 14½　插页 2　字数 145 千字
印　　数	1-6000 册
国际书号	ISBN 978-7-101-12354-8
定　　价	78.00 元

目　录

序

老子心解

庄子心解

附录

序

　　心解者，止言吾心所悟，不同注笺之凿凿，不同传书之洋洋。性之所至，随感而发，择吾心以为人所未详、人之所弃而述焉。虽不周于古训、不周于今论，然其间剖析，或有契老庄原旨而黯然不彰者，此余所以不揣简陋以八万言成书之缘由也。世人咸以老庄并称，以皆言道也，然其间之差异龃龉恒为人所忽。殊不知庄子自傲，不惟视儒家为妄，视墨家为曲，亦吝于对老子之赞许，惟闻其间言说而悦之耳。书中有老庄之辨章，述之颇详，兹不赘。

　　"老庄心解"本是八万言本中华书局《抱冲斋艺史丛谈》中两篇，华东师范大学出版社只眼自具，抽出专帙《老庄心解》，影响至巨，重版多次。今又复归中华书局再版，缘可谓深矣，谨对编者深致谢忱。

范　曾

老子心解

孔子问礼于老子

大哉，老子之道

一

闻一多先生在札记《龙凤》中曾认为龙是夏之图腾，而凤则为殷的图腾。夏文化的代表是老子，而殷文化的代表则为孔子，所以后人总将凤与孔子相连，甚至楚之狂人接舆"歌而过孔子"，也反唇相讥："凤兮凤兮，何德之衰。"关于老子与龙的关系，我们在《庄子·天运》看到这样的记载："孔子见老聃归，三日不谈。"因为老子是不赞成孔子积极地遍行列国而问政的。孔子的弟子们问：先生，您已见到了老子，您对他有所规劝吗？孔子讲：我今天算是见到了真龙了，龙啊，合起来成为龙的形体，分散开则成为云锦天章，何等的美妙啊，它乘着云气而养息于天地之间，在阴阳之中吞吐大荒，我在他面前何等自惭，我瞠目结舌，无以应对，哪里还谈得上规劝他老人家啊！从这段描述，我们至少知道战国时代人们对春秋时老子的印象是何等绚丽而神秘，那是神龙见头不见尾的奇谲伟岸的神仙中人。

他仰观穹昊，俯察万类，探求那宇宙本体的根源；他阅尽沧桑，看惯枯荣，深知天地万物的嬗变；他凭着直感而不假理性的求证，

老子出关

依靠悟性而不作枯涩的推论；他大朴无华，脱尽庸凡；他谦和冲融，远离骄躁；他站在宇宙的中心，发出了那悠远而朴质的声音，那智慧的元素无所不在地浸透到中华文化的广阔领域。

二

宇宙，这无涯的空间和无限的时间来源于什么，老子说，它来源于"无"——"无名天地之始"。

这是迄今无法有更高明于老子的一种玄妙的说法，倘若没

有时间，也没有空间，哪里会有李白的吟叹："夫天地者，万物之逆旅也；光阴者，百代之过客也。"没有天地（空间），万物无所庇寓；没有光阴（时间），又何来匆匆的过客？那是什么呢？那是"无物"，老子称之为"无状之状，无象之象"，这叫做"惚恍"。因为没有时间和空间，这"无状之状"，既没有上，也没有下；既无前，也无后；既无光明，也无黑暗，那就是"惚恍"，那就是"无"。然而"惚恍"也有它自己构成的三要素，它存在着未来的可视、可闻、可抚摸的信息，"视之不见，名曰夷；听之不闻，名曰希；搏之不得，名曰微"，它们只是杨振宁先生讲到的可以捡起来的原子（一根发丝的直径上可排列一百万粒原子）的体积的一百万分之一。这当然是我的猜测，然这猜测本身便有悖老子的学说，那原子的一百万分之一，还是一种体积，还是"有"。于是老子在提出"无"的概念同时，辅之以"有"，意思是"存在着，那是一种无的存在"。"有"和"无"两者是同一个来源而有着不同的名称，而"有"和"无"的共同的名称则是"玄"。

现在我们知道了，原来在没有时间与空间的"惚恍"中有着"玄"，它妙不可测，是一种"无的有"，这"无的有"中有什么呢，有"夷"、"希"和"微"（《老子·十四章》）。

这"无"，我们试想它是"精神"；这"有"，我们试想它是"物质"。在老子的哲学之中，最具玄妙意味的是精神和物质合而为一，所以《老子》书也自称，这真是"玄之又玄，众妙之门"。这里，我们已无法用物质决定精神这种唯物主义观点或者精神决定物质这种唯心主义观点去框定老子思想的范畴，他不是二元论者。老子讲得很清楚，它们没有先后，是一个东西，只是名称相异。这里，精神即物质，物质即精神，它们共同的名字叫做"玄"。

我们不妨设想这"玄"是一种什么形态的存在。不，这个问题本身又有悖于老子思想。"玄"没有形态，何谓存在？那是没有时间、没有空间的"惚恍"，那是一种最彻底的空虚，归根结底是空无一物，那无中之有"夷"、"希"、"微"，也是一种最彻底的子虚乌有，总而言之是了无痕迹。

仅止于此吗？不，在那彻底的空虚中，在那绝对的静寂中，在那绝对的空虚无形中，恍兮惚兮有了一些消息、一些动静，似乎里面有了一些幻象，有了一些事物（《老子·二十一章》）。

老子出关（大象无形）

这时，只是在这时（注意：我开始用了"这时"一词。此前，是谈不上"这时"的，因为没有"这时"、"那时"的概念），这混成之物，才具有了实体的意义，它特立独行，不被神仙和上帝指挥着；它不停地运动，无所不至，往复延伸，周而复始，而绝无停止懈怠；它原来就是宇宙本体。这时，只是这时，宇宙的概念才产生，才有了空间和时间。这混成之物不啻为天地的圣母，化育繁衍，万物滋生。老子说，我不知道它的名字叫什么，因为一有固定的名字，它就执着于一物，就不是那变而不居的"常名"；如果道是可以明白讲出的，它就是具体个别的道，而不是那涵盖诸道的道（《老子·一章》）。那么，我就给它一个字吧，叫做"道"；勉强地给它一个名吧，称它作"大"。那么，我们读后来的《礼记·礼运》讲的"大道之行也"，便是指的这"大"或者"道"。那是宇宙的大道，它大不可方，深不可测，它无限伸延，无远弗届，而且还要回归——"归根复命"（《老子·十六章》）。

至此，老子对宇宙本体的论述告一段落，我们不自觉地已经走进他博大深奥的哲学殿堂，他正静坐着，隐言忘机。对他，我们已有仰之弥高的深深敬意。

三

我们从上面的论述中已了然老子的宇宙观：首先，他是一个无神论者，他不承认凌驾于宇宙和万物之上的造物主或上帝，

象帝之先

吾不知誰

歲在庚辰大雪
大翼范曾

吾不知谁之子，象帝之先

而他所讲的可以为天下母的道，则是比上帝更为根本。它不是一个可以名状的可道之道，它冲虚平和地发挥作用，永远不会枯竭或用尽；它渊深旨远，好似天地万物的源头。道之所在，足以使天地万物处于一种和谐之境，它会将过分锐利的加以磨挫、纷乱杂陈的予以舒解，使过分刺目的光芒变得温和，而又教导人们能居卑处微，能处众人之所恶。道啊，真是清澈得使人觉得隐然不见，又似乎的的确确地存在着。道，到底是谁的儿子？好像在上帝之前它已存在。（《老子·四章》："道冲，而用之或不盈，渊兮，似万物之宗。挫其锐，解其纷，和其光，同其尘，湛兮，似或存，吾不知谁之子，象帝之先。"）老子的这段关于道的和谐的描述，极其简练而含义却至为广大。我们纵观世界，远古及至现今一切人类的仇杀和争斗，都是不能做到一个"冲"字，即不能"挫其锐，解其纷，和其光，同其尘"。我们也已了然老子十分天才地解释着宇宙的形成，在远古实证科学阙如之世，竟能凭着直感的悟性而非理性之求证，作了一番惊天地、骇古今的最宏观而博大的论述，这是何等的智慧。何等的胸襟，又是何等的深邃！你尽可以认为他徒托空言，然而今天不托空言的科学实证又如何，能否逃脱老子学说所涵盖的范畴？譬如，宇宙的起因、物质与精神、物质性的原子构成、物质的运动等等，到最后，无不在朦胧之中继续探索。正因为宇宙本身的无穷极性，这探索则永无休止。万世之后，人类还将继续探索，而要回答的问题，不只跳不出老子的圈子，似乎答案也会日益接近老子天才的幻想和奇妙的敏悟。

老子出关（大音希声）

四

　　老子为了进一步说明他对宇宙的感悟、对宇宙的产生——也就是由一个完全没有空间和时间概念的，彻底的，虚无而达至豁然天开、万类纷呈的境界——有着一个非常天才的"悟谈"。称这是"悟谈"，因为它同样不是实证后的结论，而是一种直接来自灵府的感悟，他说："万物负阴而抱阳，冲气以为和。"在老子的哲学中把阴阳未分的混沌状态用一个数字"一"来代表，它是由道所生，接着如前面所述，它发生了变化——隐然"有象"、"有物"的惚恍玄冥之境来到。照现代天体物理学家的理解，这不正是宇宙大爆炸的前兆吗？"热大爆炸宇宙学"现在已被学术界公认为标准宇宙学，据理论和观测，大概二百亿年前宇宙也处于一个混沌未开的温度均匀、密度均匀和对称性极高的状态。首先，我提出质疑的是，当基本粒子都不存在，当然没有物质，既无物质何来空间，无物质、无空间，又无相对的运动，何来时间？现代宇宙学提出的这种宇宙状态，本来就是类似中国哲学上的"无"的概念。现代宇宙又以在宇宙创生（谁"创生"了宇宙？）后的 $1/10^{36}$ 秒产生粒子，如中子、质子，再过100秒的时候开始产生元素，然后是星汉的形成、银河的运转、太阳系的形成，地球、月亮的诞生。我们很难笃信此说的原因是其用精确的数字来说明二百亿年以前的事，譬如为什么在大爆炸之后 $1/10^{36}$ 秒钟而不是 $1/10^{35}$ 秒钟或 $1/10^{37}$ 秒钟产生粒子，为什么是 100 秒钟而不是 99 秒钟或 101 秒钟产生元素？这难道

老子出关（复归婴儿）

不是和老子的"玄之又玄，众妙之门"又不期而遇了吗？太遥远的过去，用太精确的方法表述，就近"玄"。

有的物理学家，通过现代宇宙学的描述，证明中国古代哲学的荒诞无稽，而我们不正可以以此证明中国古代哲学的悟性深邃吗？

前面提到老子哲学中的"一"，在惚恍之境中，由于气的冲和（可以认为是宇宙大爆炸）一分为二，这"二"，就是负阴抱阳的阴、阳二气，由于它们的参（参，古音可念为三）和是为三，而生了万物。这又进一步证明，宇宙万物之所以能生生不息，是离不开阴阳的和谐的。"和"，是阴阳的交互作用，有无的相生、矛盾的化解、仇恨的泯灭、生命的滋生、男女的欢爱都是"和"，而且是未来大同世界的最崇高的精神。

至此，我愿再一次明晰地重述老子对宇宙本体的思维：

（一）在老子哲学中，道、惚恍、混沌、朴、无极、虚极、玄、一等概念，大体上有相同的内容，意思是指宇宙产生（开始有空间和时间）之前的状态，之所以有这种名称上的区别，在于老子论述的方面或有不同：形容宇宙产生之前的无状、无物用"惚恍"；形容"惚恍"的不可思议，则用"玄"、"玄之又玄"；相对于万物（器）则用"朴"，"朴散而为器"；用以说明阴阳的交合则用"一"，一生二，二生三等等。

（二）老子提出"天下万物生于有，有生于无"，同时又相应地提出"有"、"无"、"同出而异名"和"有无相生"的辩证观念，这里"无"和"有"不是本和末的关系，不是"无为有之本"，是同时并生并存的哲学概念。为了说明有也生无，老子又提出了"夫物芸芸，各复归其根；归根曰静，是谓复命"。这"根"便是"无"，这"静"便是"无"的状态。这里我们是否也可以想象一下，现代宇宙学所不能解答的问题是：亿万年以后宇宙会不会坍塌而重新化为子虚乌有，复归于无？老子的有无相生，不只存在于老子举例的个别事物如陶器和车轮，也包含着极广大的时空问题，包含着未来是否复归于无。从老子的很多命题，如"复归于婴儿"、"复归于无极"、"复归于朴"，我们体会到老子前不见古人、后不见来者的思维。以前是空无一物，以后也是空无一物，一切都嬗变不居。所以他说："飘风不终朝，骤雨不终日。孰为此者？天地。天地尚不能久，而况于人乎？"天地使飘风、骤雨不能持久，那么天地（指人的目力所及的六合之内）倘若也反自然之道呢，天地难道能持久吗？广而大之，宇宙万有就永远在守恒中运转吗？永远在膨胀（现代宇宙学名词）中发展吗？一旦失序，一旦收缩，难道没有一天复归于虚无吗？老子所可能提出的问题，现代宇宙学也同样提出，前者是天才的悟性，后者是天才的发现，对于不搞科学的我，它们同样使我痴迷、使我倾倒。

（三）"道"不是上帝所造，它在上帝之先已然存在。它是由似有似无的因子"夷"、"希"、"微"，由惚兮恍兮的"物"和"象"、窈兮冥兮的"精"和"信"构成的没有时间、没有空间的彻底的虚无，经过冲气而分阴阳，阴阳交互作用而生万物。这冲气的过程也许非常迅猛，现代宇宙学之 $1/10^{36}$ 秒钟内"夷"、"希"、

"微"、"精"、"信"之属出现，100秒钟之后有元素"物"、"象"之属出现，这是本人的玄谈，不过我想，比较接近老子哲学的玄想。

这"冲气"二字，在二千三百年以后，牛顿用了第一推动力的说法，现代宇宙学用了"大爆炸"的概念，然而，谁给冲气的？谁给了第一推动？谁引发这大爆炸？神学家在此，有权向上述悟性的、理性的思维挑战。早在中世纪，西方的神学家托马斯·阿奎那就作如是讲，以证明上帝毋庸置疑地存在：

在世界上有些事物是运动的，凡事物的运动总受其他事物的推动。如果一件事物本身在动，而又必受其他事物推动，那么其他事物又必受另一其他事物推动。但我们在此绝不能一个一个推到无限，所以最后追到一个不受其他事物推动的第一推动者。每个人都知道这个第一推动者就是上帝。

就此，我所尊敬的现代物理学大师杨振宁先生有一段非常妙的悟谈。

有一位著名的记者问杨先生说："为什么西方许多自然科学家都相信宗教、信仰宗教，也就是相信有造物主的存在？杨教授，你相信在不可知的宇宙中，有造物主在创造一切吗？"杨先生回答说：

关于科学和宗教的问题，是一个很重要的问题。一个科学

范曾绘杨振宁先生

家，做研究工作的时候，当他发现到有一些非常奇妙的自然界的现象，当他发现到有许多可以说是不可思议的美丽的自然结构，我想，应该描述的方法是，他会有一个触及灵魂的震动。因为，当他认识到，自然的结构有这么多的不可思议的奥妙，这个时候的感觉，我想是和最真诚的宗教信仰很接近的。所以你问，相信不相信在不可知的宇宙中有造物主在创造一切吗？这个话，我想我很难正面回答"是"或者"不是"，我只能说，当我们越来越多地了解自然界一些美妙的不可思议的结构后，不管我们是正面问这个问题还是不正面问这个问题，都确实有你所问的这个问题存在。是不是有人或者是有神在那里主持着？我想，这也是一个永远不能有最后回答的问题。

记者又问："是不是因为人的知识太有限的关系？"杨振宁先生说：

一方面是这个原因，另一方面，我们会有一个感觉，假如不是有一个最终的目的，不会造得这么美妙。

杨振宁先生在此并没有丝毫的困惑，我们只感到，他诗意的回答中，所惊叹的是宇宙的不可名状的美妙。

艺术家，还是作自然之子吧！在杳不可测的宇宙之前，我们除去对它抱着宗教般的虔诚之情外，我们还能做什么？我在南开大学的马蹄湖畔，看一池荷花，在晚风中摇曳，我在夕照中看那蓓蕾，看那开放的花瓣，那花瓣上的每一根脉纹，那在微风中轻轻颤动的花蕊……我相信那一朵圣洁的莲花，的确是一个纯净的世界，它没有目的吗？我相信，它肯定知道我在深深地赞美它。

西方 20 世纪现代艺术的败笔之一，是以表达艺术家内在与外在的抗争、不调和、不平衡为目标，很难说他们创造着美。艺术家来而复去，宇宙却无言地永存着；诸流派都烟云过眼，而美却存在着，在一片叶子，在一朵野花，在一泓清泉，在巨川大壑，在星汉罗列，在天体运转……没有宗教般的虔诚，就没有艺术。

无论是理性的、感悟的、写实的、写意的、具象的、抽象的艺术家，都不要忘记：我们是自然之子，我们的一切创造——倘若是美的创造——都只能是"道法自然"。

老子不曾讲上帝创造了"道"，然而他没有解答宇宙的终极原因，和当今之世所有伟大的科学家一样，他们的未知既使他们无奈，又使他们的理论留下了美妙的空白。

仿八大山人

和谐，宇宙的大智慧

一

我们必须在思维方式上摆脱传统的陋习。一种此是彼非的观念，不唯在实质上导致了对事物分析的简单化，而且在思辨上极易走上歧途，往往把辩论的对手绝对置放于错误的位置上，而自己则通过人云亦云的逻辑推论，来证明自己心中早就认定的正确的结论。这种先验的思辨，使方法成为花拳绣腿，有漂亮的表演却无实际的力量，而结论也正由这种方法所产生，必然惨淡无光。

没有任何一个大哲敢讲：万物皆备于我，与我相左则必为谬误。古往今来一切哲学家所冥思苦想的都是希望自己走向或接近宇宙本体，而且思路不同、方法不一，但谈论的恐怕也都是宇宙本体的某一侧面。有时争辩的双方各执一见，然而他们的总和则比他们每一单方更接近事物的真相。无论"人之初，性本善"，还是"人之初，性本恶"，都是讲人具有趋向性善的一面，又具有趋向性恶的一面，前者更接近人性的真相。

此是彼非的思维最恶劣的结果，则是偏激情绪的产生，这时的争辩大体脱离了原来的辩论的内容，恶语伤人，不惜运用肢体语言以至于大动干戈。扩而大之看人类，则最后是武器的批判、战争的爆发。当然，这样排除战争的、历史的、社会的、制度的原因不免浅陋，然而事实上，在人类意识的深层缺少容忍对方则是一切争端概不能外的原因。

记得《华严经》中曾讲述了这样一个故事：在一古刹，有长老于禅房打坐，小和尚丙侍立一旁，禅房外有两个小和尚甲与乙正辩论问题，互不相让。小和尚甲跑进禅房对长老讲："我如是讲，他如彼讲，孰对？"长老讲："你对。"小和尚甲欢天喜地而去。须臾，小和尚乙跑进禅房对长老讲："我这样讲，他那样讲，孰对？"长老讲："你对。"小和尚乙也神飞意扬而去。侍立于旁的小和尚丙站出来向长老诘难："这就是长老的不是了，甲对，乙就错；乙对，甲就错。你如何讲他们都对？"长老蔼然对曰："你也对。"这长老并不是俗话所谓"狡猾的和尚"，他实实在在是一位高僧，因为小和尚甲、乙、丙都在论述着事物的不同侧面，而他的博大几乎涵盖了一切，最可思索的是他对丙的评价，丙的想法不正是本文所认为的恶劣的思维方法吗？即使这种恶劣的思维方法，长老也不否认其或有可取之处，或许对我也有所启迪，然而这容我慢慢去体会。今天我所取的是长老对甲、乙两人的判断，因为他们是论辩的双方，而丙则是对判断的判断，与论辩没有直接的关系。这甲和乙的辩论，都论述着事物的某一侧面，甲和乙的总和，则一定比甲、乙单方更接近事物之真相。

皆是

老子出关（不争善胜）

二

　　和谐，来源于相互的了解、容忍和谦让，来源于心平气和的对话。那么，人和宇宙的和谐，通过什么方式来对话呢？只要人类的索取不过分，宇宙依然以它博大的胸怀，容而忍之；甚至通过自身的调整，迁就和适应人的能动性改造。这就是对话，这就是冥冥中宇宙的语言。只要人类的行为合序，顺应自然，宇宙还会予以勖勉，人类在宇宙老人的面前毕竟稚嫩而天真，难道该宽容的还不宽容吗？该安慰的还不给予安慰吗？如果人类成了无赖和泼皮，成了任什么也不顾忌的怪物，那么为了宇宙整体的和谐，它也不惜以迅雷不及掩耳的方式予以惩罚，这种解决的方法会十分彻底，那是人类的恶贯满盈真正触了天怒，我们希望这样的情况不会发生。过去局部的惩罚，绝对有惩前毖后的意义。

三

　　如果把科学理性视为使人类从混沌走向光明的唯一方法，我们无异于把东方古典哲学一概否定。其实哲学与科学使命的不同是科学帮助人类，而哲学慰藉人类。当然，我们希望伟大的科学家同时又是哲学家，他就既可帮助又可慰藉人类。然而事难图全，我们不妨各取所需，要帮助时找科学家，求慰藉时找哲学家。我曾有一首诗送当代的数学大师、美国称其为"近代几何学之父"的陈省身先生，其中有句云："此世门墙无我地，宁园小坐说云峰。"我再也没机会厕身陈省身数学的门墙，而在他的别墅"宁园"里，我们却能谈天说地，谈吴昌硕和任伯年，研究老子和庄子，那是何等令人欣慰的回忆！我知道面前的这位老人对现代物理学的奠基作用，杨振宁先生把他列入欧几里得、毕达哥拉斯、高斯的系列，他的知识对于我是一座绝对的迷宫，且不说出，根本不得进。

　　我是一个纯粹的艺术家，艺术型的思维方式，使我迷恋于直感的、非理性判断的东方哲学。它们语焉不详，但却睿智非凡。这些哲学并不以实证科学作为自己的基础，因此它本身只是一种自在之物，不具有证伪的任何条件。因此它们和近代西方或当今中国哲学家们所构架的哲学理性的大厦风马牛不相及。然而由于它们睿智，提出的不少命题，至今的科学家为之瞠目结舌。它们非凡的意义在于它们的睿智本身，而不在它们以什么认识论和方法论发现这些睿智。禅宗六祖慧能的悟性，他的"菩提本无树，明镜亦非台；本来无一物，何处惹尘埃"，无非是他砍柴劈竹烧火做饭之余的顿悟。我们大体可以将东方的哲学称之为悟性的思辨或者思辨的悟性，它们或许可以成为后世的或者未来的科学的先导。然而，我们不能忘记一个根本的事实是，二千五百年前，当时的科学和技术水平还是筚路蓝缕以处草莽的时代，可提供给佛家、道家、儒家作如此广大思考的科学实证材料等于零，庄子或庄子之徒竟能得出"吾观之本，其往无穷；吾求之末，其来无止"（《庄子•则阳》）的论述，则是对"时间"

视宋相为腐鼠

无始终这一范畴的要言，这在当时实在颖慧至极。像这样的例证在东方哲学的经典著作中，真是俯拾即是，像层出不穷的智慧的浪花朝你拍来；那是一片海域，而不是一股小的溪流。

我们承认，在东方儒家和道家（主要指老子）的思想中，哲学的思维（包括他们对宇宙终极真理的追求和宇宙发展普遍规律的论说）和他们社会的理想、社会功利驳杂共陈，纯粹的哲学思维只是其中的一部分，而在佛学的著述中，纯粹的哲学思维则是主导的。庄子是个异数，他是一个彻底的无为论者、一个彻底的齐物论者，他思维的活跃敏锐使他的思想长上了垂天之翼，而且他的散淡萧疏、不务名利是骨子里的，而不是口头上的，这和老子真是大异其趣。如果说孔子是阳刚的进取派，老子是阴柔的进取派，那么庄子就是回归自然怀抱的贤哲，一个退隐的自由派，这更使其可亲可爱。我毫不掩盖自己对庄子的偏爱之心，因为他更具艺术家的气质。佛家是迄今为止世界所有宗教信仰中的无神论者（至少中国化了的禅宗是如此），它的全部哲学思维在东方是最圆融而完满的，它对宇宙的解释、对天地万物的消长变化有着天衣无缝的阐释，这些都是值得我们深入探讨的。

四

我之所以热恋于这一项思维的探索，乃是我在艺术的王国里奋斗搏击数十年，它们陪伴着我，使我的思维如清风流水，既不停息也不枯竭，而且我深知它们陶冶了我的心灵，使之纯正清冽、不染俗尘。我们这一代人的生命历程都十分曲折，或者说每一个人都能构成一部小说。理性思维曾是我们这一代人的追求，而且我也深以为理性思维还将成为我们民族未来的支柱，因为上古时代哲人的思维，那昔日的辉煌，光照已十分遥远，不足以点燃新时代人们为祖国奋斗的热情。然而我想告诉年轻人的是：悟性的哲学思维，如果它不是浅陋的赝品，不是粗俗的时髦货，那么它就具有永恒的价值，它就不会成为社会颓废的温床。相反的，它将在新的民族文化的建构和未来的文艺复兴中，起到不可取代的伟大作用。东方的哲学，它的宏观气势、它的睿智敏妙、它的纵横捭阖，直至它文字上的美轮美奂，都足以使我们为之倾倒，为之痴迷。

在古代，无论东方或西方，哲人都在精神领域里居于至高的地位，形而上学的学问被认为是超越一切学问之上的。然而近代西方科学发展，成果灿然，科学的实证雄辩地推倒了不少哲学的大厦；当然指的是理性哲学的大厦，科学迫使哲学家们就范，哲学家再也不是"来吾导夫先路"的拓荒者。高焉者，他们能步科学之后尘，使用科学的成果说明自己的观念，其中难免削足适履；低焉者，则只能作科学的尾巴。近现代伟大的科学家在自己的领域之中所实证了的真理，本身已是哲学，因此他们的困惑是再也找不到哲学的知音。而当他们将目光转向东方的时候，他们会感到自己的奋斗，原来在实现着东方哲人的预言，这些预言虽然沉埋于竹简韦编，销声于书册故纸，然

周行不殆

而只要它是钻石，那么拂除上面的积垢，它们仍然璀璨夺目、灼灼其辉。我所接触到的不少世界"重量级"的科学大师，他们深感中国的文化底蕴所带给自己的裨益，而绝不似某些食西方残羹冷炙的人弃故国文化若敝屣。

五

让我们再一次回到"和谐"。东方哲学的终极追求便是和谐，它是和谐的哲学，因为东方哲人深知，宇宙的一切都处于至大无涯的和谐之中。和谐，是一种伟大的存在方式，顺之者昌，逆之者亡。一切和谐的，便是化育着的、生长着的、繁衍着的、运转着的、变化着的生物和无生物，那是一派融洽无缝的天成美景；一切非和谐的，便是凋零着的、死亡着的、灭绝着的、停息着的、僵化着的残骸和废墟，那是不忍或睹的破败失序的荒漠景象。和谐地继续着辉煌，美轮美奂；而非和谐的，则必将淘汰，灰飞烟灭。大自然是如此，生命是如此，非生物也是如此。罗布泊已在地图上消失，而残骸尚存，"海枯石烂"不是没有根据的。据一位作家的感受，他说在烈日下的罗布泊故址，原来的湖边巨石在坍塌，湖底的石块在龟裂，时时听到石头渐渐粉化的声音，这是大自然失序的哀叹；不会很长的年月，这片曾是碧波荡漾的湖泊将会是惊沙坐飞的沙漠。沙漠绝对是由无情的元素组成，它们分崩离析，绝没有两粒沙子能和睦相聚，绝无培育生命的意愿，而当它们决心破坏的时候，它们会挟狂风以肆虐，扫千里而后快，它们吞没地球上一切有生命的美好的存在，狂沙的怒吼便是世界末日的丧钟。

宇宙中一切和谐的声音，便是不借孔窍的天籁，那是作曲大师们的典范；而一切非和谐的声音，则是破坏宇宙宁静的噪音，譬如战争的杀伐、地震的轰鸣、泥石流的撞击等等。

六

21世纪和再往后的几个世纪，必须是和谐的世纪。我记得爱因斯坦讲过一句名言："第三次世界大战的后果我不可逆料，但我可以断定，人类将用石斧打第四次世界大战。"先哲已预言了对抗的结果所导致的第三次世界大战，必然是人类迄今一切文明的最后灭绝。我进一步怀疑，还有没有制造石斧并以之战斗的人，或更进一步怀疑，这展开石斧之战的战场何在？那时地球恐怕已消失于宇宙黑洞之中，那失去了地球引力的月亮公主恐怕也远走高飞，另求新欢，已没有了"举头望明月"的李白，没有了"把酒问青天"的苏东坡，那么明月悬空与否，已无关宏旨。

和谐已不是哲人的清谈、诗人的咏歌，和谐已像一个被弃的婴儿，扔于荒野；殊不知这是一个宁馨儿，一个丘比特，他会成长，如果全世界良知未泯的人们，都来共同喂养他、扶持他，他将硕壮高大、神勇无比，他会答谢生养他的父母、培育他的亲人。而当和谐被弃置太久、被虎豹豺狼吞食之后，他必成为不和谐的孤魂野鬼，而且是狰狞凶残的厉鬼，这厉鬼的阴影也将所向披靡，扫遍人类。

人类，快拥抱起那无邪的"和谐"吧，这大婴孩，他已快因饥渴而死了。

老子出关（道法自然）

道法自然

一

老子哲学为"阴柔的进取"奠定了理论的基础，而这种阴柔的进取，包含在他对于物质的转化、人生态度、处世策略、治国方针和古往今来治乱兴亡的分析之上，这其中所体现的辩证思维，二千五百年来成了中国的重要的思想宝库。老子的哲学是一座崇山，当你走进老子思维的王国，那里有茂然森林、琤琮流泉，云翳翳以出岫、月冉冉而巡天，那是灵动、空明而智慧的天地。

一切生长着的、滋荣着的生命是柔软的，而一切死亡着的、枯萎着的生命是僵硬的。水，平静而和缓地从深山流出，润物无声、泽被遐迩，那是柔和的象征；然而水却能无坚不摧，可以载舟，可以覆舟，使巨石危岸崩塌，日星隐耀，山川变色。当柳条抽丝吐绿，拂面迎人时，你知道这是春的消息，而当霜露既降，木叶尽脱时，那萧条的冬天也将降临。

老子仰观宇宙之大，俯察品类之盛，看尽人间繁华，探究治乱兴亡，从他的宇宙观出发，提出了睿智的、全面的判断。

他是包容广大、万象森罗的预言家，他是博学雄辩、疏而不漏的政论家，也是启迪王侯、心忧社稷的大策士。

天地间的所有事物都在发生着、变动着、荣枯着，成功中包含着失败的危机，失败中也潜藏着成功的吉兆，一切事物都有正反两面，而这两面的转化，则是事物嬗变的原因。老子提出："反者道之动。"即是说相反方向变化，正是体现着那宇宙本体"道"的运作。于是他说："天下皆知美之为美，斯恶矣；皆知善之为善，斯不善矣。"在老子的心目中，那独立不改、周行不殆的道是浑然不辨美丑善恶的，那里连空间和时间的概念都没有，属于人类的美丑善恶的判断，则更不可能存在。因为那时候没有所谓存在。当人们遵循着人道而生活的时候，也就是古朴先民之世，一切还都顺理成章，没有那么多的是非曲直。为什么有了美？那是因为大道废弃了，有了丑陋的恣肆。为什么有了善？同样由于大道废弃，有了恶行的浸淫。所以以老子的宏观，他不认为美和善的出现是一件好事，他更希望的是丑和恶的根本不出现，这和他的另一个观点是完全一致的，即所谓"大道废，有仁义；慧智出，有大伪"。在老子的心目中，仁义和慧智的出现同样不是一件好事，为什么会有仁义？因为大道废弃，不仁不义之徒出现。为什么摒弃慧智？因为随着慧智的出现，与它孪生的大伪也应运而生。老子所希望的是仁义和大伪根本不出现。

当仓颉造字的时候，天雨禾粟，神鬼哭泣，因为知道人类从此有了慧智，相应的大伪出现，惰怠取巧，不事耕耘，所以天降

老子出关（独立不改）

下禾粟，知道饥荒会降临人间，神鬼也为了人类的堕落哭泣。（《淮南子·本经训》："昔者仓颉作书而天雨粟，鬼夜哭。"）汉王充以为这是因为"文章兴而乱渐见"，这文章非指今之作文，而是言社会藻饰华彩，远离了远古的淳朴。近世诗人黄侃有句云："雨粟哭从仓颉后，散花妙近维摩侧。"这雨粟不正是苍天的哭泣吗？仓颉的慧智是人间的小慧智，而演教的维摩则代表着宇宙的大慧智。黄侃之意是远离人类的小慧智，而去接近宇宙的大慧智。

　　人类对核能的研究是 20 世纪 30 年代的事，那是物理学家在实验室中发现的宇宙奥秘，纯属慧智的科学家们出于对物质内部结构奥秘的好奇，在 1938 年发现了重核可以经过裂变而释放出大量能量。当这能量的魔鬼一旦从魔瓶之中挣脱而出，理论物理学家们就再也无法控制世界各国对它的急剧需求，目的是再清楚不过的，那是为了正义的或非正义的战争。二次世界大战时，所幸美国的科学家（指的是应用物理科学家）比德国的科学家先走了一步，才使原子弹掉在了广岛和长崎，法西斯主义遭到了最后的毁灭性打击。当然，这其间千万无辜百姓在轰然一声中灰飞烟灭，理论物理学家们吓呆了！"原子弹之父"奥本·海默产生了强烈的罪恶感，未曾想到他的理论竟有如此惨烈的后果。杨振宁先生在论述此事时则说："作为物理学者，我只能祈求这罪不会导致全人类的灭亡。"让我们回到老子的"慧智出，有大伪"，人类的慧智还会继续前进，譬如 20 世纪50 年代之后，基本粒子物理学的真正诞生，那么它会不会诱发出相应的人类的"大伪"？很难说。

科学的进步，使人类文明昌盛、生活提高，然则，它也可能导致人类文明的彻底毁灭，人类如果不克制贪婪的天性，那么老子在二千五百年前的危言，仍旧会得到历史的验证。

宇宙本来极其美好、极其和谐，我们欣然从理论物理学家那里得到了近乎神话般的启示，这些学者和艺术家一样，他们原来的追逐是了解宇宙的和谐。彭加说："我的意思是那些更深邃的美，它来自各部分和谐的秩序，而且它能为一种纯粹的智慧所掌握。理性的美对自身来说是充分的，与其说是为了人类美好的未来，倒不如说或许是为了理解理性本身，科学家才献身于漫长和艰苦的劳动。"好了，倘若人类的慧智这样真诚地趋近着宇宙的大慧智，那么，我们应受到的启示正应是老子哲学和谐的追逐，我们所应该做的，是对人类的天敌——"大伪"群起讨伐。

春秋之世列国争雄，齐楚晋秦吴越加上诸侯小国的并起，人心不古，世风日下。老子眼看着和谐的失落，不免兴悲天悯人之想：宇宙本无事，它自然而然地存在着，本来是"有无相生，难易相成，长短相较，高下相倾，音声相和，前后相随"的，它有着自身的规律，圣人的使命是"处无为之事，行不言之教。万物作焉而不辞，生而不有，为而不恃，功成而弗居。夫唯弗居，是以不去"（《老子·二章》）。这段话的大意是，宇宙之中有无、难易、长短、高下、音声、前后相生相存，相谢相灭，有着本来的井然秩序，那就是大和谐的秩序，不用你圣人操心，不需你有什么特殊的作为，也不需你滔滔不绝于耳的训导。万物的运作，亘古已然，你难道还能为天下先吗？你不见万物生长，不属于任何人所有，它们所企盼于你的是：做了事不自恃尽力，虽有成功也不要居功傲人，唯有这样的不居功自傲，你才不会被抛弃。

老子的"为学，日益；为道，日损。损之又损，以至于无为，无为而无不为"（《老子·四十八章》），这段话的标点，历来之学者作"为学日益，为道日损"，使自己的解释陷入困境，其实老子的意思是必须和前面一章连起来看，才能明白，《老子·四十七章》讲："不出户，知天下；不窥牖，见天道；其出弥远，其知弥少。"老子十分重视心性的感悟，那种学而知之的"学"，不是老子的追求，苟每天拘于小慧智而学，虽能得益，那是世俗的功名利禄之益；而倘能探求道之所在，那必会有损失，所损者也不过是世俗的功名利禄之损。老子以为，你必须把世俗的功名利禄损失殆尽，就庶几达致"无为"的境界；也只有在"无为"的境界，才能做到"无为而无不为"。"无为而无不为"是老子阴柔进取的最典型的命题，是后代不少贤主明君用以治世的大策略，也成了不少昏君"从此君王不早朝"的大遁词：前者如汉代的文帝景帝，后者如安史之乱前后的唐明皇、靖康北狩前的宋徽宗。前面我称老子是春秋的"大策士"，主要是基于他有这样不凡的思维。

老子阴柔的进取，最有名的话是"将欲歙之，必固张之；将欲弱之，必固强之；将欲废之，必固兴之；将欲夺之，必固

老子出关（欲歙先张）

与之"（《老子·三十六章》）。这里老子不仅包含了对自己的警惕性自励，使自己知道物极必反的道理，也是对敌手的一种策略，促使对方在膨胀之中自行走向反面，而且促使矛盾的转化。想收缩时，故意地张大它；想削弱它的时候，反使它强大；将废除它的时候，使它兴起；将夺取它的时候，先给予它。这是"无为而无不为"在策略上的论述，这种思想对春秋战国以后的策略家有重大的影响。

有了"无为而治"的大纲领、大策略，那么需要有什么样素质的统治者或老子书中所称的"圣人"呢？什么才是强有力的统治术呢？老子又相应地提出了柔弱、不争、居下的一系列命题加以说明。这些命题的提出，仍旧依据着老子对宇宙万物的观察，他说："人之生也柔弱，其死也坚强；万物草木之生也柔脆，其死也枯槁。故坚强者死之徒，柔弱者生之徒。"（《老子·七十六章》）人活着，筋骨富韧性而肌肉柔软；人死了，则僵硬挺直不复酥软；万物草木欣欣向荣时，迎风摇曳、柔和脆嫩、生机益然，而一旦死亡，则破败干枯、不忍目睹。那么，坚强是死亡的一类，而柔弱则是生命的一类。老子以水为例说明柔弱的力量，他说："天下莫柔弱于水，而攻坚强者莫之能胜；以其无以易之。弱之胜强，柔之胜刚，天下莫不知，莫能行。"（《老子·七十八章》）天下最柔弱的莫过于水，而它攻击坚强的事物，没有任何东西能战胜它，它是无与伦比和无可替代的了。柔弱战胜坚强,天下人都知道,但是没有一个人甘居柔弱。一个统治者,只有悟"天下之至柔,驰骋天下之至坚"(《老子·四十三章》)的道理,才能驾驭天下。真正守柔,才能真正强大("守柔曰强"见《老子·五十二章》)。因此圣人必须做到居卑处微,与世无争,他说:"江海所以能为百谷王者,以其善下之,故能为百谷王。是以欲上民,必以言下之;欲先民,必以身后之……以其不争,故天下莫能与之争。"(《老子·六十六章》)这几句话,几乎是老子对所有统治者的谆谆教导了,他以为江海之所以为天下川流所归,就是由于它们处于最下游,所以想身居王者之位,必有谦卑之言教;想率领大众,则必须有退让之身教。倘若这言教、身教都做到了,虽然他不与任何人争夺权位,他却功成名遂、天下臣服,那他所得的尊贵则是无与匹敌的,也就不能与之争了。这段话是老子阴柔进取的大策略,他所想象的圣人是能遵循天道那种:"不争而善胜,不言而善应。"即能做到不争而取得胜利,不费口舌而应对自如;能像天道一般"不召而自来,繟然而善谋",不须号召,天下云集而景从,宽大为怀却善于谋划的人。老子谈到此,为统治者描画了天道威力无穷的雄奇瑰丽的画图,便是"天网恢恢,疏而不失"(《老子·七十三章》)。穹宇便是你牢笼天下社稷的无形的网,它宽弛而疏松,然而却无可逃遁,统治者能遵循天道,那他的权力便无所不在,威力便无所不至。

大智若愚

　　有了大的策略，还应有个人的修养，老子书在这方面同样有辩证的论述，他说为人处世应清楚地知道祸福相依的道理："祸兮福之所倚，福兮祸之所伏。"意思是"灾祸啊，福泽就依靠在你的旁边；而福泽啊，灾祸也正就在你自身潜藏"。这真是警世危言，人们在幸福之时不可乐极而悲生，要有所克制；而人们在逢遇灾难之时，也不必颓废沉沦，应该心存幸福的追求，光明即在前面。祸与福的相互转化，不仅体现于个人，也同样体现于家庭、社会、国家和世界。而人们最容易身在福中不知福，那就会有种种恣肆、猖狂、张扬之态，忘却了前面所说的"知荣守辱"；也容易在遇到灾难挫折时有自暴自弃、自戕自残的行径。总之，以上两段的论述，归纳言之，还是要追求生命的和谐、自身和社会的和谐。老子在陈述福祸相转化时，在处世哲学上进一步提出"知其雄，守其雌"，是说一个人虽有雄才大略，亦当韬光养晦，甘于"雌伏"；"知其白，守其黑"是讲知道光明之所在，而又能难得糊涂，大智若愚；"知其荣，守其辱"是讲既有荣耀与享受，又能谦卑下人，不辞羞辱。那么这样的人

老子出关

就是那些能"复归于婴儿"（婴儿最柔弱，又最有旺盛的生命）、能"复归于无极"（无穷尽的天地等待其发挥才能）、能"复归于朴"（大朴不散才能包容万物）的圣人（《老子·二十八章》）。

老子在这里教导人们进取退守的策略，这样做任何事都游刃有余，都会适度，留有充分的余地，这和前面所引述的"道冲，而用之或不盈"、"和其光，同其尘"是同样的道理。过分锐猛地进取往往过犹不及，把力量用尽、用透则失去回旋的余裕。天下一切大小事，能做到无过无不及，其力量将是适度的。而度的掌握则是凭个人的长期修养，做到并不轻而易举。唯有这样的圣人，能知人知己，"知人者智，自知者明"（《老子·三十三章》），你能知人善任，则是智慧；能自知短长，则是清醒。老子要求圣人"常无欲"（《老子·三十四章》），能排除身内、身外的种种欲求，这是内省的小事，是最低的要求；进一步则要求你把更大的欲求克制："万物归焉而不为主。"（《老子·三十四章》）这是说即使天下归心了，你仍然淡泊自处，这就近乎道了，就具有了伟大的品格，因为从内心深处不以为自己有什么了不起，那实际上却真正成为伟大的圣者。（《老子·三十四章》:"以其终不自为大,故能成其大。")

如此看来,老子的所谓不争、柔弱和居卑处下,目的是为了最大的进取,是为了不能与之争,为了柔弱胜刚强,实际上成为真正的尊贵崇高的圣人。

那么为什么老子又提出了"绝圣弃智"的命题呢?这里的"圣",指那些以仁义礼法统治人民,而不能遵循天道之人,这里的"智",是前面所讲的"慧智出,有大伪"的智,因为在老子看来,只要大道行于天下,那么繁文缛节的礼法仁义之类都是没有用的,因为浑然天成的大道本身是没有仁义和不仁义的,只有大道废弃之时,才会有仁义。在圣人无为而治的天下是不用"仁"治的,因为没有"不仁"之徒。在老子书中还有两句容易引起误解的是:"天地不仁,以万物为刍狗;圣人不仁,以百姓为刍狗。"(《老子·五章》)刍,草也;狗,寻常小兽也。这里老子绝无骂天地与圣人的意思,他是讲刍狗这些浑然大朴而无慧智也无大伪的生命,只需有"道生之,德畜之",则它们会"尊道而贵德"(《老子·五十一章》)。而且它们对道和德的尊重,纯任自然,不受命于任何人("道之尊,德之贵,夫莫之命而常自然")。既然刍狗不是骂人的话，就进一步知道"天地不仁"是指天地遵循大道，故没有仁，万物却自在地生存着；圣人不仁，是遵循大道的统治者，也没有仁，百姓却自足地生活着。

　　至此老子为我们描画了他的理想国，那是"小国寡民，使有什伯之器而不用；使民重死而不远徙。虽有舟舆，无所乘之；虽有甲兵，无所陈之。使人复结绳而用之"（《老子·八十章》）。在这样的国家里，疆域不大、人口稀少，即使有很多器具并不使用，老百姓爱惜生命而恋土重迁，不愿远去；国家小，往来少，何必舟车；虽然也有兵器，又何必陈以吓人；文字纯属多余，还是结绳记事为好。这样的百姓"甘其食，美其服，安其居，乐其俗。邻国相望，鸡犬之声相闻，民至老死不相往来"（《老子·八十章》）。人们丰衣足食，日出而作，日没而息，风俗淳朴。国与国的距离，望中可见，连鸡犬之声都相互听得见，但是老百姓之间即使到老死也不相往来。在老子之世，列国纷争，战伐频仍，社会的动乱不安使他对往古先民的生活产生了热烈的向往。他所描写的完全是一种浪漫的幻想：知其不可而可，知其不然而然，是何等的痛苦。他的社会理想并不意味着倒退，在老子内心的大悲痛中正包含着他殷切的期望。如果我们把社会的进步只看作物质文明的昌盛，而忘记了精神的淳朴，那么将会把老子的理想视为历史的倒退。倘若我们从老子书的整体来看，最后的这一笔描画，真是绝妙的尾声，他已完整地陈明了自己的宇宙观、社会观、治国方略、为人哲学，那都是直面沉沦而混乱的社会所发的，对当世和后世都有着警世危言

天鹅与乌鸦

的作用。而他的社会理想并不是真正地企图复古，他知道这不过是昔日生活的追忆，它展现出的淳朴古风何等地迷人，而今日的战伐混乱、人心不古是何等地沉沦。人们会再回过头来深深地体味他的哲学，啊，原来他老人家是为"无为而治"的高论渲染铺陈，实际上后代奉行他"无为而治"治国之术的统治者，不但没有复归小国寡民的世界，反而是休养生息之后振起了更大的雄风，建立了上古时代伟大的帝国，譬如汉。

正如老子心目中的理想国是小国寡民，而他的治国方略却是以为强大的帝国铺平道路一样，老子反对声色、否定感知的美学思想也积极地影响了中国艺术的发展，这正是人类认识史上的怪诞现象。正因为老子的思维不是属于那种管窥而蠡测的一孔之见，不是那种画地为牢、势不可入的偏私之谈，不是属于人类有限而短暂的历史所形成的小慧智，他所论述的"道"是宇宙的无可穷极的大慧智，所以，人类的一切活动，包括文艺创作在内，是可以从他"玄之又玄，众妙之门"的言说之中体会出那种宇宙彻底的和谐，倘从这种和谐中生发出来的文艺，若真正体现着那冥冥中的道，那么，老子的哲学就不但没有起到反对声色的作用，反而在无形地助长着人类所创造的可视的色、可听的声。如果人类的技巧，真正接近着那惚惚恍恍的道，那不正符合老子所反对的小巧而追逐到大巧了吗？

我们在老子的《道德经》中，的确没有看到一句对人类所创造的美赞赏的话，即使第八十章中提到"甘其食，美其服，安其居，乐其俗"，这"美其服"不是形容衣饰之文彩华美，而是"乐意其服"的意思，甘、美、安、乐四个字连用，是指在小国寡民之世，人们的知足常乐的状态而已。

在老子的心目中，人类之所以有了美、丑之判，还是因为大道已废的结果。这美，和仁义礼法一样，不是什么好东西，所以"天下皆知美之为美，斯恶已"。美的存在，是因为有了丑、有了邪恶，老子所谓"大道废，有仁义"，在此也可以衍化为大道废而有美。

老子有感于东周之世社会的动荡、物欲的横流，对统治者的声色犬马之好可谓深恶痛绝，那檐牙高啄的宫殿、那妃嫔媵嫱的淫靡、那山珍海错的饮宴、那彩绘雕镂的装饰、那骏骥腾骧的猎射、那奇货珍玩的贪欲，是那样地背离着大朴无华的自然，背离着无私而覆的天、无私而载的地，这绝不是圣人之所愿。而且圣人知道，不珍爱这些难得之宝，百姓就不会因此而为贼为盗。而那些能诱发百姓贪欲的财货美色也是不值得张扬的，那么百姓便不会为之而心猿意马，想入非非。（《老子·十二章》："五色令人目盲；五音令人耳聋；五味令人口爽；驰骋畋猎，令人心发狂；难得之货，令人行妨。"《老子·三章》："不贵难得之货，使民不为盗；不见可欲，使民心不乱。"）所有足以使社会虚华的事物，都违背着"道"、违背着"大朴"、违背着"自然"。而只有道、大朴、自然，才是人们所应感悟与追逐的无为之境，那惚兮恍兮的物和象，才是大美之所在，才是无状之状、无物之物、无美之美。宇宙之终极是无，美的极致是无美，这是老子一以贯之的感悟。举例以说明，美国之拉斯维加斯，世界最

隣國相望雞犬之聲相聞

歲屆丁未雪景

抱沖齋十翼

江東范曾

邻国相望，鸡犬之声相闻

大的赌博之城，那儿集天下声色犬马之最，那儿使人类的欲望无限制地膨胀，真可称人类的"贪欲之城"。那灯光之眩目、金钱之耀眼、美女之绮丽、广厦之高矗，足以使所有的人"心发狂"。但结局如何？赌盘的飞转、老虎机的起落，带走了人类所有的善、诱发着人类所有的恶。那儿的艺术又如何？那绚丽斑斓的声光、震耳欲聋的乐舞、香艳裸露的胴体，与艺术的缘分日浅，而与本性的贪婪比邻，与大朴无华的自然绝无关系。人类的小慧智所带来的"大伪"笼罩着一切，你能在那里静下心来看一幅倪云林的画或听一曲莫扎特的交响乐吗？人类的小慧智所发明的所有赌博是"大伪"的典型范本和最好的脚注。

于是老子提出应该"见素抱朴，少私寡欲"（《老子·十九章》）。"素"是"绚"的反面，是洗净铅华，不施彩饰。"朴"是但求混沌，而不事雕凿。可见的表象和内在的怀抱都应是纯净无瑕的，都应是质朴无华的。同时应减少私心和贪欲，那么你才能达到"致虚极，守静笃"（《老子·十六章》）的宁静空明的境界。

老子的哲学自成一个超然的体系，因此他排除一切在他看来非"常道"的学问，因为那些学问妨碍着对"道"的体悟，而且，从根本上讲是大道废弃才会产生的"大伪"之学，便是仁义之类的东西。只有关门即深山，弃绝一切繁华，"众人熙熙，如享太牢，如春登台；我独泊兮其未兆。如婴儿之未孩，儽儽兮若无所归"（《老子·二十章》），人们在登高游春开张筵席，我何孤独，没有任何吉兆等待着我，如尚未笑的婴儿（孩同咳，小儿笑，见《说文·口部》）。又疲惫憔悴，如丧家之犬（儡儡，颓丧貌，儡一作傫，见《白虎通·寿命》"傫傫如丧家之狗"）。《老子·二十章》："众人皆有余，而我独若遗。我愚人之心也哉！沌沌兮俗人昭昭，我独昏昏；俗人察察，我独闷闷（闷，平声 mēn，愚昧貌）。"人家活得是那样有滋有味，而我却遗世而独立，我真是何等的昏聩；众人都心计明白，而唯我是这般的愚昧，老子说他"澹兮其若海，飂兮若无止（王弼注，无所系絷）。众人皆有以，而我独顽且鄙；我独异于人，而贵食母"（《老子·二十章》）。其实我何曾冥顽不灵？看，我的内心像大海的摇动，像风的飘动，自由得很，无羁无绊，我之不同于世俗之人，是由于我有着对那"独立不改，周行而不殆，可以为天下母"的道的重视和追求。

在老子玄思冥想的时候，是"圣人为腹不为目"（《老子·十二章》）的，是重视身内的体验而排除目之所至的感性经验的，他要"塞其兑（蹊径），闭其门"，只有这样的"致虚极，守静笃"，他才能以冲虚而博大的心怀，宁静致远的思索，去了悟宇宙万物的运作，他才能在扑朔迷离、纷纷扰扰的物质世界，追本溯源，回归那宇宙的本体。（《老子·十六章》："致虚极，守静笃；万物并作，吾以观复。夫物芸芸，各复归其根；归根曰静，是谓复命，复命曰常。"）

这时，老子可以对自己的体悟过程有一个总结了，就是"不出户，知天下；不窥牖，见天道"。而且进一步认为感性经验越多，那你离天道就越远："其出弥远，其知弥少。"（《老子·四十七章》）在人类伪诈过多的时代，老子他所追逐的天道自然，乃是为达到不受污染的、充分而全面发展完美的人性，这人性是复归于朴的，与宇宙本体同在的。他认为世俗的美，正是不美，"美言"正是不足信的谎言。（《老子·八十一章》："信言不美，美言不信。"）这种返璞归真，反对世俗之美的观念，是老子非美学的美学，反伪而求真的美学。这种回归自然纯朴的理想，对于中国此后千百年的文论、诗论和画论都有着极其深远的影响，尤其在伪善的仁义礼教之前，老子的思想有着鲜明的叛逆性质，这对后世的庄子、刘勰、钟嵘直至明代的徐渭、李贽、袁宏道和清代石涛的理论都有着内在的启示。而老子哲学对中国山水画、山水诗的影响，更是内在而深刻的。老子的思想体系，形成于春秋战国之交，汉代佛教渐入中土，魏晋文人之谈玄，盖源于佛、道两家，而佛学之所以能中国化，首先有道家的"无"与佛家的"空"，灵犀相通，故而可以说道家学说的深入人心，为佛学之东渐铺平了道路，我们也就不难理解为什么王维崇佛，而其诗又多道；八大山人亦佛亦道；石涛本为和尚，而其《画语录》又以道学为其本。要之，佛与道所希望于人的，都是要使人净化，修养空灵的心怀而静摄宇宙的变幻，只有清明在躬，才能从芸芸扰扰的万有之中超然而出，才能以岑寂而宁静的心去体物。

因之，中国诗与画，着重空灵与澹泊。当然，中国诗史与画史上也不乏"我执"之辈、繁琐庸俗之辈，然要非中国艺术的本色，更不是其极致。真正卓绝的中国古典诗歌与绘画，都是要求艺术家能"观于象外，得之环中"、"外师造化，中得心源"

的，这"环中"、"心源"和老子追求的，宇宙本体"一"是完全相同的。老子说："昔之得一者，天得一以清，地得一以宁，神得一以灵，谷得一以盈，万物得一以生。"当达至这体道为一的境界时，那就能"大盈若冲，其用不穷"（《老子·四十五章》），那时诗人和画家才能"以自然之眼观物，以自然之舌言情"，那才是达到了老子所谓的"人法地，地法天，天法道，道法自然"（《老子·二十五章》），才能做到眼不见绢素，手不知笔墨，落笔无非天然生机。明代李日华讲："必须胸中廓然无一物，然后烟灵秀色，与天地生生之气，自然凑泊，笔下幻出奇诡。"中国画的最高境界必须是超然物外的，必须从天地万有的繁文缛节中解脱；必然是不役于物象而重心智所悟、遗形而求神的，因为宇宙万物，不过是宇宙本原——道之所衍生；而当画家做到体道为一时，那最后不过是假自然陶咏乎我，"大自然已成诗人，画家手中觥爵，日月星辰，山川湖海，飞羽游鳞，无非胸中怀抱所寄托"（见范曾《中国画刍议》）。

中国书画家中以大类分之有三，其一曰：重灵性、重感悟者。其二曰：重写生、重理性者。前者之作，往往风流偶傥，凄恻动人；后者之作则循规蹈矩，索然寡味。前者如汉之张芝、蔡邕，唐之王洽、王维、怀素、张旭、吴道子，五代之石恪、贯休，北宋之苏东坡、文与可、米芾，南宋之梁楷、牧溪，元之王蒙、黄公望、倪云林，明之徐渭，清之八大山人、石涛、郑板桥、李方膺，近世之吴昌硕、任伯年和现代之张大千、傅抱石、李苦禅。其三曰：以高度理性驭高度热情者，中古之王羲之、王献之，唐之欧阳询、褚遂良，清之邓石如、伊秉绶，近代画家则李可染、蒋兆和是其代表。其中一、三两类，代有人家，惟第二类则庸才相望，不绝如缕。而画家某至石景山，见高炉而写生，炉上之螺丝铆钉一一画之，不厌其烦。其最惊人之发现谓牵牛虫之触须可双钩，每根凡十四节。愚钝若此，可为一叹。此真所谓一叶障目，不见泰山，谨毛而失貌者也。

正由于中国画家重灵性、重感悟，如老子所谓"澹兮其若海，飂兮若无止"，优秀艺术家的思维如沧海波涛之广漠，山林旋风之激越，因之，往往像米芾之得泉石膏肓，烟霞痼癖，不能自已，灵感之来如兔起鹘落；又如黄庭坚之书法如饥鹰渴骥，势不可遏，此因黄庭坚书法之风格，亦黄庭坚作书之势态。而书画家阅物不尚细琐，神韵必出灵府，郑板桥所谓："删繁就简三秋树，领异标新二月花。"正是由灵性感悟的追逐必然出现的艺术手段。苟画唯知应物象形，而不知气韵生动，则正如苏东坡云"论画以形似，见与儿童邻"，王国维于《人间词话》中讲"无言外之味，弦外之响，终不能与于第一流之作者也"。记得我曾有诗戏和郑板桥的题画竹诗，他写道："老夫画竹郁葱葱，最爱清凉涤肺胸，任是祝融司夏政，华堂先已挂秋风。"这是一首有"言外之味、弦外之响"的好诗，老先生大概有些得意，有附题云："不知大手笔何以和我也。"大有此诗出后便无诗的意味。而爱与古人作异代知己的我则和之云："萧疏岂爱郁葱葱，削尽冗繁拂碧空，画到天机流露处，江东腕底透秋风。"在此我反问郑板桥，你不是要"冗繁削尽留清瘦"、要"删繁就简三秋树"的吗？你怎么会爱明代夏昶、顾安辈的繁枝茂叶呢？你的画挂起来秋风起于华堂，而我作画时秋风早起自腕底了。这虽是文人游戏之作，然而都在说明一个道理："道法自然"，体道为一的追求。

中国画家力图排除皮毛外相的迷惑而深入对象自然本性的过程，同时也是画家与自然邂逅而最后心性与自然凑合的过程。"黄荃富贵，徐熙野逸"是评五代画家黄荃和徐熙的名句。在中国文化上描述文艺作品"富贵"，不含褒意，而"野逸"则是包含着对徐熙的至高的激赏。五代荆浩讲："笔墨精微，真思卓然，不贵五彩。"同样指精微之所在，不是五彩纷呈而在真思充盈。中国的哲学思维与文学成就在历史上呈并驾齐驱之势，而绘画在中古之世则显落后。南齐谢赫在他的《古画品录》之中评顾恺之："格体精微，笔无妄下，但迹不逮意，声过其实。"这可见当时顾恺之盛名之下其实难副，他的画迹并未达到迁想妙得的境界。

受老子影响很深的《列子·说符》中有一则九方皋相马的故事。秦穆公对相马名士伯乐讲你年龄大了，在你的族姓之中有精于相马的吗？伯乐说："天下相马的名士其中可称绝伦的已是寥寥无几。我的儿子，皆才能低下，可以看出是好马，但却无法辨识最好的马。有一个和我一块担柴捆菜的人，名字叫九方皋，他相马的本领不在我之下，你可一见。"既见之后，秦穆公叫他去求马。三个月之后九方皋回来讲，在沙丘发现了一匹黄色的雌马，秦穆公派人去牵回，却是一匹黑色的公马。秦穆公大为不高兴，把伯乐找来讲，完了，你所推荐的人连马的雌

萧疎三二爱鸞蕙枓
壹冗籬枓碧空畫
到天機派雾雲家江
東腕底起秋風　和鄭燮

戊寅燕人□□□

雄和色彩尚不能知道，难道还可以相马吗？伯乐长长叹息道："九方皋所看到的是天机，得其精而忘其粗，在其内而忘其外，看到他所看到的，看不到他所看不到的，视其应视的，不视其不应视的，像九方皋这样相马的高手，他的本领绝不局限于相马之一术，神明所得，必有更贵于相马的本领。"将马牵来，果然是天下之神骏。胡应麟曾讲："九方皋相马一节，南华本不为诗家说，然诗家无上菩提尽具此。"（《诗薮》）我之所以不厌其烦地将列子这则故事写出，实在它不但对画、对诗、对文、对社会、对政治恐怕都有所启发。这则故事为苏东坡《论画山水》所用，他说画家应"如阅天下马，取其意气所到"。"意气所到"正是中国写意画的追求，清邵梅臣也在他的《画耕偶录》论画中讲："写意画必有意，意必有趣，趣必有神，无趣、无神则无意，无意何必写为。"真正的大艺术家，必须有九方皋相马的本领，"得其精而忘其粗"、"在其内而忘其外"。唐张彦远在《历代名画记》中讲"书画之妙，当以神会，难以形器求也"，这儿所列举的"意气"、"神会"正是老子书中由"虚静"而达于"复观"，使芸芸万物"复归其根"所能达到的境界。自然内在的神韵，只有你以自然的心态去体悟自然时，才能得到。

一切的表面雕饰华彩都不是"真"，而是"伪"；同样，人的性情也以真为贵，攻击理学甚烈而受佛道影响至深的李贽，在他的《童心说》中阐明了求真去伪的思想，他说："童心者，绝假纯真，最初一念之本心也。若失却童心，便失却真心；失却真心，便失却真人，人而非真，全不复有初矣。"和老子书中

涤除玄览

老子出关 (涤除玄览)

"复归于朴"、"复归于婴儿"的思想是一致的。能以自然之心体物，就必然有一颗童心。王国维在《人间词话》中特别强调真性情，他说："词人者，不失其赤子之心者也，故生于深宫之中，长于妇人之手，是后主为人君所短处，亦即为词人所长处。""客观之诗人，不可不多阅世。阅世愈深，则材料愈丰富，愈变化，《水浒传》《红楼梦》之作者是也。主观之诗人，不必多阅世。阅世愈浅，则性情愈真，李后主是也。"中国的诗画以抒发纯真性灵为极致，一贯反对矫情伪性，以自然为美。对李贽备极推崇的袁宏道在给李贽的信中讲："幸床头有《焚书》一部，愁可以破颜，病可以健脾，昏可以醒眼。"袁宏道论诗文的"性灵说"，与李贽的"童心说"可谓同出机杼。袁宏道以真为美，他论其弟袁中道诗讲："大都独抒性灵，不拘格套，非从胸臆中流出，不肯下笔。"他在给其兄袁宗道的信中也自称："近来诗学大进、诗集大饶、诗肠大宽、诗眼大阔，世人以诗为诗，弟以《打草竿》《劈破玉》为诗，故足乐也。"（《袁中郎尺牍》。按：《打草竿》《劈破玉》皆为民间流行歌曲名。）这中间必有淳朴自然之趣在，故袁宏道追逐自然之美，深恶伪道学，深恶宋、明理学之腐儒（指理学不肖之徒，非以直指濂洛关闽之大贤也）。从他对徐渭的推重中，也足见他慧眼独具，徐渭为人狂放，宏道晚徐渭数十年，彼时世之知徐渭者已寥寥，大艺术家之可悲如此，恐将寂寞后世了，袁宏道称他的诗"不愧古人"、"独知其诗为近代高手"。徐渭的谈艺，也要言不烦，力主"本体"说，他反对理学家"以理治人"的口号，而提出"以人治人"，顺应人的天然本性来治理人，他进一步提出人的一切觉悟，都来自对自然的体悟。

无论李贽的"童心"、袁宏道的"性灵"、徐渭的"本体"、王国维的"赤子之心"，都说的是"真"，是艺术的根本。而一切的伪，一切的矫情伪态、应制酬酢都是文艺之大敌。老子的"道法自然"、"复归其根"、"复归于婴儿"、"复归于无极"、"复归于朴"的思想，宛似玄冥中的大音，在中国文艺的空谷中回响。老子云："大音希声。"但这听不见的希声，却被及遐迩，亘古至今，足见一种深刻的思维具有如何深远而广大的影响。

老子的那种"致虚极，守静笃"的玄览之境，是要将内心的一切渣滓排除的，所以老子问他的徒弟："当你在对宇宙万物深入体悟（玄览）的时候，你的心境保持着那种绝对的纯净无瑕吗？"（《老子·十章》："涤除玄览，能无疵乎？"）

我们可以想象，当老子不出户、不窥牖，凝思寂听，体悟到宇宙的来源、万物的荣衰、千古的兴亡之后，知道人类的小慧智产生之后大虚伪的滋长，大道废除后假仁假义的行世，他绝对地拒绝声色犬马的烦扰和功名利禄的钻营，他已将"无为而治"的圣人之道，讲得通明透彻，他自己则请息交以绝游，"相忘于江湖"（《庄子·天运》），回归自然的怀抱。他蔑视人类由智巧创造的假美，而追求那"道法自然"的大美，而大美小美之判，则体现于"拙"和"巧"之间。老子对小巧绝对地厌恶，他说："人多伎（同技）巧，奇物滋起。"（《老子·五十七章》）这"滋起"的"奇物"我想是包括着他所反对的"五色令人目盲，五音令人耳聋"（《老子·十二章》）的，这五色当然包括

老子出关（上善若水）

着青赤黄白黑纷呈的彩绘，这五声当然包括宫商角徵羽和鸣的音乐，这"奇物"包含着"天下皆知美之为美"的所有艺术创造，他把这些都归入大巧——那回归自然的"拙"——的对立面，即都将其视为小巧。于是老子说："大成若缺，其用不弊；大盈若冲，其用不穷；大直若屈，大巧若拙，大辩若讷。""大成"乃指自然之成，那看来有缺陷，却可长用而不败；最大的容积量，看来是虚冲，它却可受用而无穷；屈以求全，直在其中；生涩稚拙而大巧在焉；出言迟钝而雄辩在焉。艺术上的小巧，则表现为搔首弄姿的媚俗、纤细琐屑的废话和夺目刺眼的色泽，与那莽莽天宇、恢恢地轮、茫茫沧海的冲虚博大，和那稚拙纯朴的真美，和那"貌寝口讷而辞藻壮丽"的左思之雄辩，实在不啻天壤，不可同年而语！

于是，中国画家把不因熟练而油滑的"生涩"与见素抱朴、复归自然的"稚拙"，视为艺术品位以至具体用笔、用墨的圭臬。古往今来凡以用笔流畅为追求的画家皆在小家之列，而用笔油滑成癖病之画家则被视为俗，即使声名显赫，也难逃真知者的责难，譬如扬州八怪之一的黄瘿瓢。在扬州八怪中我乡的李方膺（江苏南通人）则生涩傲拔，不可端倪；郑板桥才气横溢，诗文书画皆称大家，然其用笔过于刻削，书法结体过于怪谲，则有小巧之嫌。这当然是苛以求之了，其实郑板桥是很值得欣赏的，他自己也有诗以自励云："四十年来画竹枝，日间挥写夜间思，冗繁削尽留清瘦，画到生时是熟时。"足见生拙之境谈何容易。金农之拙，则近乎笨，似与大巧无缘，试以金农之书法与王铎、黄道周、傅青主、伊秉绶、邓石如相较，其中大家小家之别还是了然的。中国画史上大巧若拙的最杰出的代表，我以为是八大山人。八大山人是一位旷世奇才，他看破红尘，在宁寂的心怀中隐然有着对世俗尘嚣的恚愤，然而他的诗、他的画都不欲寄其可群可怨的言说，大有"世道如此，夫复何言"之旨。他的用笔真正做到了老子所谓的"挫其锐，解其纷"（《老子·四章》），力量内含而不锐利，清脱出尘而不纷繁。真正做到"直而不肆，光而不耀"（《老子·五十八章》）。八大山人精神宏大于内而不恣肆于外，笔墨光华而不嚣张耀眼，不似浙派戴进吴小仙辈之用力过猛、声色俱厉。八大山人的用笔，真称得上"天下之至柔，驰骋天下之至坚"（见前分析《老子·四十三章》）。近世画家，从风格的符号意义上来讲，潘天寿略胜李苦禅，而从笔墨线条的蕴藉，直而不肆，光而不耀来说，李苦禅远过于潘天寿。潘天寿有印曰："一味霸悍。"是自谦乎？是自勉乎？是知其或有讥评而先自言之乎？但我想"霸悍"总是一种毛病。我们就"霸悍"二字的本义分析，"霸"者近乎恶，"悍"则近乎凶，也还是属于丑而不属于美的范畴，当然霸悍胜于媚俗，两劣相较，取其轻耳，不是说那霸悍就好。这里并不是论潘天寿的画，那是另一回事了。他的画并不一味霸悍，其中的险峻清新之美，岂"霸悍"二字可言之？

　　老子对感性知识的鄙弃，并没有完全排除他对天地万物的观察，只是他希望不被万物的纷繁所迷惑，而忘记了对天道自然的体悟,不要忘记这"道者,万物之奥"(《老子·六十二章》)。这万物之奥,大朴无华,得道的人也许破衣烂衫却像怀着一块宝玉。老子认为自己所言说的道理,浅易而明白,但知道他的人太少,因为他深藏而不露,倘若能以他的言说而行,则真如"被褐怀玉"(《老子·七十章》)一般。到了西晋的郭象,则不但否定老子"有生于无"、"有无相生"的命题,提出"无既无矣,则不能生有"。老子的"知不知,上;不知知,病"(《老子·七十一章》),还是强调了知道了知之甚少,尚为上乘,而不知之知则是大病了。郭象则不然,在他的玄冥之境中,"不知之知"乃是最高境界,郭象认为宇宙本体是混冥的自在之物,它不生发化育万物,万物也是自在之物,无所待其他事物对它们的生发化育。(郭象《庄子注·齐物论》:"造物者无主,而物各自造;物各自造而无所待焉,此天地之正也。")天地万物的存在,自然而然,没有联系、没有条件和原因,于是他在自己的"玄冥"之境中,提出了"独化"一词,就连影子外的微阴(魍魉)也不是因为物体的存在而产生,它也是自在之物,这在中国的哲学史上达到神秘主义的顶峰。他不仅和老子的道生万物的思想根本背离,与庄子之说也大异其趣。郭象与其说是注庄,莫如说庄注郭象,然而这"无知之知",对哲学言,则已到了神秘的顶点;对艺术言,那种内心不受任何认知约束的状态,倒与现代西方背离笛卡尔的正确命题"我思故我在",发展到现代派的谬说"我不思故我在",有着相近的意义。中国的画家恐怕是只能接受老子,而不易接受郭象的。

画家精神的释放

　　前面我们提到老子"天下之至柔,驰骋天下之至坚"这句话,也十分确切地反映了老子思想"阴柔的进取"的本质:水固然柔和,如东坡诗所谓"清风如水,明月似练",然而水却包含着无坚不摧的内质;它固然能居下,"处众人之所恶",然而它却既能泽被万物,又能摧枯拉朽、无坚不克。在《老子》书中"争"和"不争"是同义的,即是说"不争"就是为了更大的"天下莫能与之争"。在哲学界,对于今本《老子》、帛书《老子》的篡改的指责基本是正确的,唯第八章之"上善若水。水善利万物而不争",帛书作"有争",窃以为与第六十六章"江海所以能为百谷王者,以其善下之……以其不争,故天下莫能与之争"相抵牾,似应从今本为妥。今本注家如三国时王弼,的确对老子书妄加篡改,然而不一定帛书全对而王弼今本全错。王弼所见抄本当然比我们多,他的学问必然比那些抄本者高,对有些抄本上错讹的勘误,王弼也或有枝节的功劳。

　　我们还回到艺术上来谈刚与柔,可染先生曾说,至高的艺术技巧都是百炼钢成绕指柔，这真是极高明的见地。剑拔弩张、色厉内荏在中国画视为用笔的大病，所以中国书法主张绵里藏针、外包光华、内含坚质。李可染先生书画用笔看似迟缓，不若献艺走穴、现场表演者之"才思敏捷"一挥而就，然而将可染先生的书画张之素壁，那线条的浑厚劲拔，真如金刚杵般百折不屈。在众多作品之中，可染先生的画，真正做到了"不争"，那么平静而岑寂，不仅没有媚俗之心，更无张扬之迹，真是圣人"不言之教，无为之益，天下希及之"（《老子·四十三章》）。我的另一位恩师李苦禅先生一生经历如江海之甘居卑下处，所以天下学人景从，他的画作也可以说是在体道一如的情态下，以自然之心体物、以自然之舌言情，那是浑然天趣和深邃哲理的统一。他谈艺术也是"妙悟者不在多言"，然而正如老子书所谓"知者不言，言者不

知"(《老子·五十六章》)，世之所谓评论家，连篇累牍，动辄万言，但无法掩其简陋，而苦禅先生有时一两句话则可受用终身。他曾用老子"善行无辙迹"的名言来说明好的用笔含蓄蕴藉无起止之迹，这就如同老子主"无为"一般，最好的用笔也是若不经心，绝无刻削之迹的。老子"善行"指圣人之行，是不欲在人间留下什么丰碑的；内美大美之中国画，也不过是希望体现真正的自然之美，当画家心志真正回归自然的时候，那笔墨就也入了"无为"之境。石涛讲自己作画："借笔墨以写天地万物而陶咏乎我也……纵使笔不笔、墨不墨，自有我在。"石涛的《画语录》讲："太古无法，太朴不散，太朴一散而法立矣，法立于何？立于一画；一画者，众有之本，万象之根。"而且石涛的画论以"一画论"贯彻始终。所谓"众有之本，万象之根"，与老子的"道"意思相近。在石涛的理论和实践中，画、道是合一的，在石涛的一画论中是真正体现了道法自然的。石涛作画的用笔一任自然，虽蓬头垢面，不掩国色，自有其与大自然相凑拍的大美、真美在，他所反对的"万点恶墨，恼煞米颠；几丝柔痕，笑倒北苑"意指米芾由于发于自然的真感而创米点山水，以写山川氤氲之气，而浅学者画上万点，皆为面目可憎之恶墨；董源画江南山水，用笔柔中藏刚，表现那平远空蒙之境，而钝智者学得的只是几丝柔弱拖沓的线条而已。这难道不使米芾气恼，而令董源笑倒吗？石涛又说："古人未立法之前，不知古人法何法？古人既立法之后，便不容今人出古法。""师古人之迹不师古人之心，遂使千百年来不能出一头地也，冤哉！"

古人之心，指大朴未散的自然之心，正是学者所应师者，而不应拘于表面的画迹，画法倘不能体现自然的本性，那反成画家的桎梏，便成了"真"的对立面"伪"。而老子的"慧智出，有大伪"也可理解为僵死教条的画法，正是绘画中的大伪，必当根而除之。和老子以为"大道废，有仁义"之旨相同，石涛提出了"不立一法是吾宗也，不舍一法是吾旨也"的理论，不立一法是指自己绝不为后人立则，后人也应崇尚自然，而他自己则不舍弃他一以贯之的"一画论"，永远会遵循"道法自然"的最高原则的。

　　老子哲学的基本核心，当然是道，是自然之道。它和一切反道而行的仁义、一切抗拒自然大慧智的大伪格格不入，他所崇信的人类心智的返璞归真成了中国画家、诗人、书家们精神释放的天地。中国古代艺术家们似乎都不愿接受儒家"克己复礼为仁"的说教，而对道家崇尚自然和回归自然则心向往之。中国的艺术家们同时接受道家自我修养的感悟方式，愿意澄心遐观："寂然凝虑，思接千载；悄焉动容，视通万里。"（刘勰《文心雕龙》）而道家的澹泊质朴为尚的人生哲学，融进中国画里，也导致了无拘无束中的水墨晕染挥洒，成了最佳的表达方式。正如宋黄休复所谓"拙规矩于方圆，鄙精研于彩绘"，中国画家作画以水墨宣纸为工具，这种工具的语言本性是抒情的、直抵灵府的、诗化的，因此，他们拙于一枝一叶出规入矩的如实描摹；又由于纯粹宁静心态的需要，对精研工巧的彩绘有所鄙弃，这就是为什么水墨画在中国成为正宗主流的画种的根本原因。

　　中国画家与大自然邂逅、融化的过程，我们可以用受道家和佛家思想影响都很深的南朝大文论家刘勰的《文心雕龙》来说明，他说："思理为妙，神与物游。"这里的"思理"乃指对大自然的根本法则，或换言之，对宇宙本体和它的规律的追求，使画家的主观精神（主体）和客观万物（客体）相"游"。这"游"字之妙，在于它包含着交融、渗透和最后合而为一的全部运动过程。这主、客体的合一，正是老子"复归于婴儿"、"复归于无极"、"复归于朴"的前提。刘勰又说"物色之动，心亦摇焉"，这里指宇宙万物的运作与主体精神的运动已然达致一个同步的阶段，这"摇"字传神地描述了主体的能动性。人，作为有思维能力的存在，与大自然冥合的过程并非被动的，而其中主客体的融合，也不是无选择的捏合。刘勰更进一步说："目既往还，心亦吐纳。"艺术家多角度、全面的"往还"审视，这过程是一种酝酿创作的发酵作用，纳其当纳、吐其欲吐，去粗取精、去伪存真，这化为自我的自然，乃是唯一属于自我一人的"人化的自然"，而画面或诗歌中的自然，也是有着诗人、画家精神面貌及风范气质的自然，正如石涛所做到的"山川脱胎于余也，余脱胎于山川也"。

　　中国的艺术家绝不陷自己于"心为形役"的蹇促不堪之境，他们道法自然，回归自然，在包容万有的大化中以麋鹿为挚友，抱明月而长终；他们恪守宁静致远的心态，本能地拒绝庸俗；他们"负阴而抱阳，冲气以为和"，如吴道子之"当其下手风雨快，笔所未到气已吞"，这"气"不唯是天地万物赖以生长、赖以繁衍的气，也是画家所禀受的上宰的淋漓元气。东晋陆机的《文赋》所谓"精骛八极，心游万仞"，是精神飞之弥远、心灵游之弥高时的自然倾泻，这种升腾，是艺术家之内美与宇宙本体之大美的略无间隙的真正的合二为一，惟其如此，中国的画家和诗人，才能如九方皋之相马，超然物表，得其精髓；才能与花鸟共忧乐，以奴仆命风月，倾东海以为酒，一洗胸中块垒！

我曾有一律，论中国画之水墨与线条，诗云："玎琮夜半隔窗鸣，逅雪寒梅立娉婷；总觉胭脂成腐秽，须教水墨化阴晴。千岩滴透原无色，一线穿空若有声；信是当风吴道子，古灯如月我高擎。"夜雪告诉我的是岑寂宁静的心志，寒梅告诉我的是纯洁无瑕的境界，我必须忘记世俗的烦扰，洗净尘秽的铅华，那大音希声的天宇不正是道之所在吗？南朝陶弘景诗云："山中何所有，岭上多白云。只可自怡悦，不堪持赠君。"艺术的独特的感悟，只属于一个人；张炎真的能"载取白云归去，问谁留楚佩，弄影中州"吗？

老子出关

书家对自然的复归

　　全世界古往今来的文字，都是一种符号。符号的组合构成章句，成为人类思想语言，以至所有人文作品的载体。一般讲来，文字是没有成为审美对象的条件的，即使人文初开时的象形文字，也不能视为造型艺术。而唯有中国的书法是一个特殊的例外，文字不但能由一个无情的符号世界走向造型的有情世界，而且，中国书法奠定了中国绘画雄殿的基石，这其中深刻的道理何在？如果说"道法自然"要寻找一种最合宜的艺术作为诠释，那便是书法。书法，即使有象形的因素，但也是经过高度抽象的。在它的点划流美之中，你所看到的、体味到的乃是生命的状态、运动的感觉、物质的消长和不可名状的意味，而且，书法竟能那样奇妙地反映书家的个性、命运乃至生命力的旺盛或衰败，这正是书法成为一种崇高艺术的原因。在中国，它具有与绘画同样尊贵的地位。

　　甲骨文为中国文字的滥觞，或者也可以说是中国书法的源头。那时用以占卜的甲骨文，是用尖利的工具刻于龟甲或兽骨之上的，在那喑哑的符号里，我们可以感受到虔诚和神秘，但那是缺少热情的记录，内容和形体都没有太多的艺术感觉。周秦之世，中国的书法才真正诞生。由此可见，中国书法之所以成为艺术，与所谓象形关系不大，而是和用笔之包含宇宙大美有关。中国书法家历二千多年孜孜矻矻的努力，将目之所察、心之所悟，一一收入笔底，在点划之中将荣衰生灭、存在状态和运动法则高度抽象。文字本为符号，而有造型的符号就有可能成为广阔的感情世界。

书法艺术，是真正法天、法地、法自然的，人们往往以大自然的变幻和状态，和老子书所谓的"有无相生，难易相成，长短相较，高下相倾，音声相和，前后相随"（《老子·二章》）来评述书法的奇美：钟繇如"云鹤游天"；王羲之如"虎卧凤阙，龙跃天门"；卫夫人有《笔阵图》以万岁枯藤比垂笔、以高峰坠石喻点笔。孙过庭在《书谱》中更云："观夫悬针垂露之异，奔雷坠石之奇，鸿飞兽骇之姿，鸾舞蛇惊之态，绝岸颓峰之势，临危据槁之形，或重若崩云，或轻如蝉翼，导之则泉注，顿之则山安，纤纤乎似初月之出天崖，落落乎犹众星之列河汉。"这里所讲的"异"、"奇"、"姿"、"态"、"势"、"形"，都是万有的生命与运动状态，这其中充满了艺术的想象，是书家受自然大慧智的启发而能体悟到的意象。在书法的点划之中，有着老子所谓的"无状之状，无物之象"、"迎之不见其首，随之不见其后"（《老子·十四章》）。书家的心灵倘使受到这冥冥之中宇宙本体的震动，也必能化入那"惚恍"之境，那么他的书法也

復歸於樸　己丑年　范曾

歲己丑　冀東　范曾

老子出关（复归于朴）

就接近了宇宙的大美。书法而近乎道，则有"书道"，这是一种直抒胸臆的艺术，即使我们今天读千百年前书法家的作品，仍然能与书家之脉搏共跳跃，能与古人共享他们对大自然的陶醉和他们对人生的判断、对悲欢的寄托。譬如我们读颜真卿的《祭侄文》，我们会对那种破坏了人生和谐的荼毒产生共同的震栗，从而我们也会进一步理解为什么书法艺术比它本身的魅力更能使我们不断地去追逐宇宙的和谐。

没有一种艺术家像书法家那样更富联想力，因为书法的语言极其单纯，它没有绘画的色彩，没有音乐的鸣奏，然而它却包含着五色的绚烂、五音的繁会，它的绘画性和音乐性是潜在的、可意会而不可言传的，为什么文与可"见蛇斗而草书进"？为什么怀素"我观夏云多奇峰，辄师之"（《韵语阳秋》）？为什么张旭"观公孙舞剑器，得其神俊"（《新唐书》）？韩愈在《送高闲上人序》中说："张旭喜草书，不治他伎。窘穷悲伤、愉侠怨恨、思慕酣醉、无聊喜怒不平有动于心，必于草书焉发之。观于物，见山水、崖谷、鸟兽、虫鱼、草木之花实，日月、列星、风雨、水火、雷霆、霹雳、歌舞、战斗，天地事物之变，可喜可愕，一寓于书。"书家所感悟的正是从事物的表象直抵其内在的精髓、内在的神韵，这同样可以用九方皋相马的故事来说明，最能切中要害。

当书家与大自然目遇神会而忘怀得失的时候，那种状态是毫无伪饰的、非功利的，甚至他们有时如颠似狂，那实在是最纯净而无挂碍的状态。当他们对别人的观感和社会的宠辱弃置弗顾，不会"得之若惊，失之若惊"（《老子·十三章》）时，他们才能"暂得于己，快然自足"，才能真正"放浪形骸之外"。唐窦冀述怀素之狂草云："忽然绝叫三五声，满壁纵横千万字。"（《怀素自叙帖》）半醉之时，忘却了世俗的礼仪约束，回归天然的本性，醉后的大叫，则可一扫愁眉，那必有一种自足的快意，这种快意如睫在目前，稍纵即逝，把握这短暂的快意，正是中国书画必须即兴神驰的原因。据称日本画家作画，节节而描之，叶叶而绘之，每天工作十四小时，二十年完成一墙壁画，这种画法不可能有风发的才情、跌宕的用笔和豪纵的气象，在苦役般的劳作之中，人类自然的本性泯灭，而由于过分着意的描画，使画面失去气韵的浮动流布，而没有气韵的作品则形同槁木，不会有生命的节律在其中跳动。中国的书法用笔，本身来自造化，不是处于二维的平面，而是"其笔力惊绝，能使点划荡漾空际，回互成趣"（包世臣《艺舟双楫》）。当中国书画家能遣笔纵横于三维空间的时候，那就做到了石涛的"试看笔从烟中过"、"笔含春雨写桃花"。当笔墨做到润含春雨、干裂秋风的时候，"墨分五色"就非徒托空言了。当书法家用笔"凛之以风神、温之以妍润、鼓之以枯劲、和之以闲雅，故能达其情性，形其哀乐"（孙过庭《书谱·序》）的时候，那有情的世界正在腕底"素练霜风起"，这不是来自天宇的浩然之风、来自海澨的回荡之风吗？大自然的春温和秋肃是和谐，惠风和畅与飘风顿起是和谐，波平如镜和狂澜排空也是和谐。我们静听天穹浩荡的协奏，笔底的所有感悟都是来自道法自然。

　　在书法史上有"晋人尚韵，唐人尚法"之说，此后又进一步演化出卑唐崇魏的审美倾向，认为唐以前的字浑朴自然，而唐以后的则法立而朴散，失去了魏晋时代的韵味，这其中宋代姜夔的《续书谱》和近世康有为的《广艺舟双楫》是此论的代表。康有为说："魏碑无不佳者，虽穷乡儿女造像，而骨血峻宕，拙厚中皆有妍态，构字亦紧密非常……譬如江汉游女之风诗，汉魏儿童之谣谚，自蕴蓄古雅，有后之学士所不能如者。"（康有为《广艺舟双楫》）唐代书法的格法渐趋森严，亦宛如唐代近体诗之格律已达完备，本是艺术发展的规律，即由无法而有法，然而艺术上的法则，倘驾驭者力所不逮则容易偏离自然之大道，而走上因循守旧僵化之困境。康有为激赏不为礼法所拘的江汉游女之风诗，"风诗"者，男女情爱之诗也，古人用"风"字，不仅涉及男女两性关系，马牛牝牡之相诱，亦称"风"，这是一种天然的本性，而本性的描述，则必近自然。我们读《诗经·国风》中的不少诗，那些怀春少女对爱情直率、热烈的追求，那是天然去雕饰的、真挚无邪的。康有为认为魏晋的书法正是如此，书法有了一个"真"字，那虽不是出自学士名人之手，也必有其内美大美在。康有为又说："欧虞褚薛，笔法虽未尽亡，然浇淳散朴，古意已漓，而颜柳迭奏，澌灭尽矣。"（康有为《广艺舟双楫》）他认为自初唐欧阳询、虞世南、褚遂良、薛稷四杰出，淳厚的古风已经稀薄，而大朴自然的韵味也已消散，古意越来越淡，而到了颜真卿、柳公权，那古意连一点影子也不见了。对唐代书法的贬损，可说是康有为的偏执之见，然而他崇尚魏晋，却确有至理。

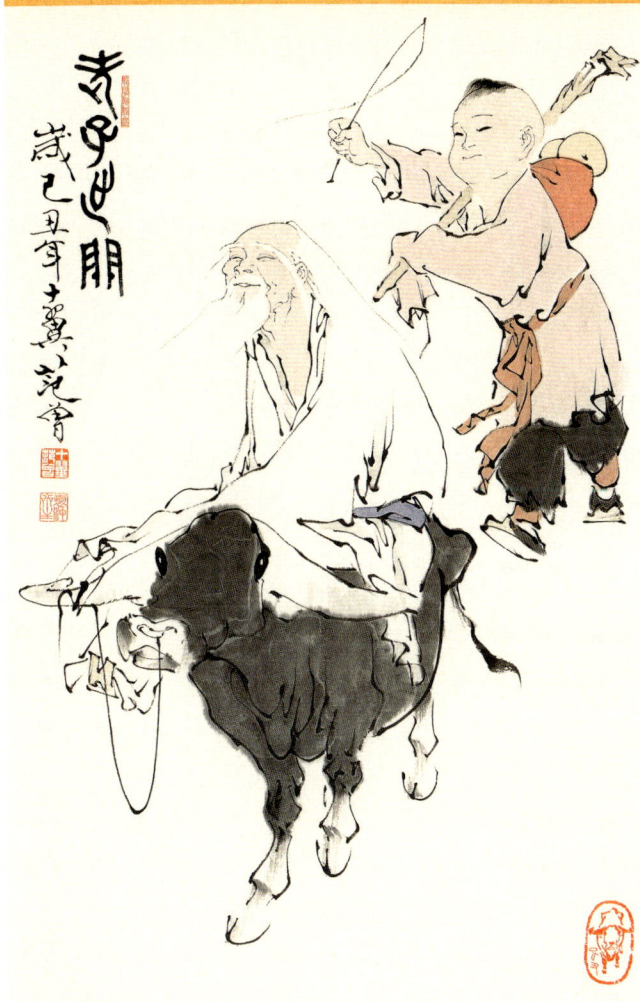

老子出关（复归无极）

关于无法与有法、质朴与华彩的论辩，唐代的孙过庭作持平之见。他说，应做到"古不乖时，今不同弊"，也就是提倡古朴，但不要阻碍时代的进步，今天提倡法则，也要避免陷入僵化的通病。而孙过庭对故意装天真而自我做古的人也提出了批评："何必易雕宫于穴处，反玉辂于椎轮者乎？"（孙过庭《书谱•序》）也就是说，时代已然进步，你何必离开了雕饰的宫殿而去荒野穴居？何必把美玉饰辂的华车扔弃，去坐那原始无辐的破车？

一个艺术家，能从自然大道取之无尽、用之不竭的源泉中汲取灵感，在森严的法度中又不受牢笼拘束，最后回归自然。这个过程是古往今来真正能创造大美真美的艺术大师所必然经历的道路。这就是为什么既需有内美、又要有修能的原因。

这里，我们不能不谈一谈对现代西方某些艺术家和目前中国某些新潮、前卫艺术家们的看法。20世纪是所谓现代派繁衍滋生的世纪，而现代派的理论也层出不穷，流派的消长受画商与评论家的控制，生命之短暂与时髦奄忽相仿佛，而理论则不外是极端的主体论，谓艺术作品只求宣泄而不求理解，能一抒为快，便是终极目的，你看得懂与否，干我何事？这其间艺术评论家上下其手，画商只图厚利，一旦观众的视觉对某种光怪陆离的艺术现象感到疲劳，则必然殒落。而另一派更新的、更离谱的流派产生，一似走马灯之纷纷扰扰，由于对传统技法的极端鄙弃，必然是艺术衡量标准的混乱和最后丧失。科技的日新月异、产品的目迷五色，使一般观众处境茫然，人云亦云，而宣传媒体的彻底商品化，也使艺术的品质本身降为次要的地位，商品的"新"，成为获得消费者青睐的主因，艺术也沦为消费品的范畴，它们难逃这逐新的大潮。再没有那种梵高、高更、塞尚和莫奈一般的真诚、那种大师全身心的投入、那种执着的追求、那种置生死利害于度外的虔敬。艺术波普运动对新潮而言是其结果，也是最后埋葬新潮的自掘坟茔。群众在受骗过久之后，觉得艺术本来不是少数人的事，波依斯吹一口气使一个啤酒罐价值一百万美金，那我也不妨一试，垃圾与破铁丝能构成据说十分伟大的艺术，那我所堆的垃圾，与艺术大师的何异？于是，夏天的海滨，丽日高悬，沙滩上，人们从家里库房、地窖中将尽可能找到的破罐烂铁都拿出来，堆砌或"创作"艺术品，一阵疯狂的宣泄之后，汗浃淋漓，于海中沉浮半晌，然后在作品前拍相留念，开车扬长而去。潮起潮落，这与大自然合作的艺术成了真正行动派艺术，在洪波中被冲向海底。

　　既然毕加索能从黑人艺术中得到灵感，那难道新潮艺术家们会被禁止做更远古的追寻吗？于是现代人的图腾艺术兴起，那已非黑人或印第安人的图腾柱，那时对人类性器官的崇拜，是何等的虔敬，而今天披头散发或干脆光头的嬉皮士们，他们的图腾崇拜带来的是性乱与艾滋病。与其并行不悖的艺术追求，则把性作为永恒的主题，展览厅中硕大无朋的一根黑柱，题为"牡"，而相映成趣的一个大树黑洞，题为"牝"，艺术沉沦至此，可谓极矣！

　　装着返璞归真，而心存浮华；装着天真稚拙，而实质油滑。"轻薄为文哂未休"，他们亵渎艺术的同时，对历代大师的作品

老子出关（知雄守雌）

则横加诋毁。在一次酒会上，某新潮雕塑家谓罗丹的作品不过是"中学生的水平"，我很严肃地放下酒杯，告诉他："我崇拜罗丹！"是时宴会顿然鸦雀无声，人们只回味着这短兵相接的两句对话，所代表的是全然不同的信仰。宇宙生命的和谐，也还包含着矛盾双方的同一性，在书法艺术上所强调的刚柔相济、轻重相间、浓淡相生，用笔速度上的疾缓相调，都决定着线条是否真正有生命力。唐代孙过庭曾在《书谱·序》中论及书法之通病时讲：

质直者则径不遒，刚很者又倔强无润，矜敛者弊于拘束，脱易者失于规矩，温柔者伤于软缓，躁勇者过于剽迫，狐疑者溺于滞涩，迟重者终于蹇钝，轻琐者淬于俗吏。

过分的刻露缺少内遒；过分的"刚很"则无润泽；过分的"矜敛"如作茧自缚；"温柔"本来无可厚非，而或会伤于"软缓"；"躁勇"如无适度，则近乎攻击逼人；"狐疑"者用笔踟蹰不前；而"迟重"者则既顽笨而又愚钝；轻佻而猥琐的则被人骂为眼光浅短的官吏。

所有用笔的毛病都可以说是矛盾一方的失控，转向事物的反面，不能"知其雄，守其雌"、"知其白，守其黑"（《老子·二十八章》），倘若书法能依循老子这种辩证的思维，能知其刚强，守其温柔；知其坦荡，守其舒缓；知其蕴藉，守其迅捷；知其风动而守其凝重，那么我想就达到了和谐之境。

前面已论及书法的用笔来自大自然万类的生命节律和其运动变化的规律，可谓"道法自然"。而中国画史从来视为真理的"书画同源"之说的根本原因，也在于以自然万类作为表现对象的绘画同样是"道法自然"的。这"自然"当然不是一般现象、概念的自然，而是老子哲学中那自然而然存在着的宇宙本体和天地万有的根本规律。中国绘画语言之基本元素，乃线条笔墨，线条笔墨之优劣成为衡量作品质量的前提，而中国画的线条笔墨又与书法有着直接的关系。

周秦之世，中国书法已臻美奂之境，《虢季子白盘》《散氏盘》《石鼓文》为大篆典范，结体之精美绝伦无以复加。至汉魏六朝碑刻，书法面貌的变幻更趋丰繁。此类碑铭之于中国书画史，略如古希腊雕刻之于西洋美术史，可谓树典范、立极则，成为万古长存的源头活水。

中国书法家为画家铺平道路，其对线条之颖悟、用笔之奥秘，往往领先数百年之遥，当画家们还用着少变化而缺神采、感情色彩不强的铁线描或春蚕吐丝描时，书法家们已云鹄在天，作逍遥游。当王羲之的《题笔阵图后》已将用笔之变化比之用兵谋略，此中必有声东击西、暗渡陈仓、实以虚之、虚以实之诸手段在焉，而彼时之顾恺之竟如何？尚处"迹不逮意"之困境，岂有书家迎风飘逸之致？至唐代，书家与画家情绪上都可共达风发之境，当怀素大叫三五声而以汪洋恣肆之才纵横挥洒之时，吴道子也做到了"当其下手风雨快，笔所未到气已吞"。然而他的莼叶描，也仅达到了轻重有致、回环有方，比之狂草的跌宕排异雄厚、龙蟠凤逸，恐尚有不小的距离。唐以前的画作（指工笔人物或山水花鸟）近于匠，不只画家学养不够，其艺术语言之板滞，也是一因。这种情况宋、元之后才结束，书家与画家两位一体，更进一步推动了中国书画线条的前进。

我们不妨把书法艺术视作一种大自然所有现象的抽象而简捷的提炼和记录，一种将自然规律化为深藏不露的天成密码，化为点划流美的奇方，一种熔万物枯荣、光线浓淡、速度快慢于一炉的妙术。它也是书家个性、胸次、学识和生命衰旺、精神晦明的精确测表。倘若说，"画如其人"，固然有实证的例子，然而却有更多的例外；而"书如其人"，则几乎是概莫能外的检测器。据说傅青主晚年一日检阅箇箧中之书法，见一自己的手书，大骇失色，谓离大去之期不远矣。傅青主又精医道，他这一言既出，果不出所料，竟成谶言。书法所具有的永恒的魅力，来自它比绘画更内在、更深邃地体现着"道法自然"的精神。

老子对宇宙本体的理解，提出"道法自然"的最高命题：由反对声色犬马而主张回归小国寡民的朴素生活；由对大道的体悟，提出"复归于婴儿"的命题；由体悟大道的需要，提出"致虚极，守静笃"的方式。这些本来不是谈美学的范畴，却涵盖了中国美学的本质，成为中国文论、诗论、画论之渊薮。老子反对虚伪的美，这在心灵上无异强调了真正的内美；老子强调"道法自然"，无异追逐着宇宙天地的大美，以内美而求大美，这便是艺术的本质，也是艺术创作主体论的核心。而自然的大美则是其自身永恒的和谐。我们说老子的哲学是非美学的美学，不只表面上老子拒绝声色，而且实际上老子所论，大者为宇宙天地，小者为人世沧桑、万物衰荣的辩证体悟，他不曾在任何一章之中具体而微地论述艺术的规律和法则，而唯其如此，在他大而化之的理论中，却包含了自然大慧智的无穷宝藏，当我们趋近于它的时候，会感受到一种宗教般的洗礼，会洗尽那世俗的尘嚣对心灵的污染。你会非常敏锐地辨识那些美的对立面——矫造和虚伪，并予以本能的拒绝，那在冥冥的内心中，会有两个真美大美的字——和谐。

附录

老子出关

简笔老子

　　原始先民之画，如河姆渡、仰韶、半坡文化时期陶器的纹饰，大朴无华、纯任天趣。彼时绘画工具十分简陋，而这种简陋的工具与所想表达的心灵不期而合，这才称得上是"肇自然之性，成造化之功"（王维语）的杰作。它们发源于自然的本性，进一步妙造自然的本相。那时的人类正如《庄子》书中所描述的赫胥氏之民，他们生命存在的状态是"居不知所为，行不知所之，含哺而熙，鼓腹而游"。他们"同与禽兽居，族与万物并"，浑浑噩噩，无功利之心，无贵贱之别。没有艺术家和欣赏者的区分，创作则没有技巧法则的约束，没有题材范围的限制，那是文化创造者情态绝对自由的时代。因此简约、质朴、天趣、自然，成为今天所有的艺术大师羡慕和楷模的对象。

　　文明的演进渐渐使绘画由装饰而矫饰而伪饰。技巧一旦从自然本体游离，便立刻表现出蹇促狭隘。"精美"往往以机智和巧密为手段，老子评之为"五色令人目盲"，是极言自己对这些艺术的憎恶的。我们现代人已可以不再被几千年人类文明的交柯繁枝迷惑视线，当我们"独上层楼，望尽天涯路"时，发现这前进的轨迹乃是画了一个大圆，回归到它的起点：自然。"人法地，地法天，天法道，道法自然"，古往今来文论、画论不下千万计，然而这"自然"二字，却是一切文艺创作的两字诀或称两字圣典。

中国的文人画在世界艺术史上的不朽贡献是他们语言的简洁、内涵的丰富，成为"来吾导夫先路"的开山主，足称世界艺术宝藏。而先河既开，影响所及，就会逾越国界，逾越世纪。

我可以作一个未必准确的预言：21世纪世界的艺术，将是全世界艺术家心灵回归自然的艺术。它的大背景是人类必须考虑自身和宇宙的和谐，这将是作为人的个体和群体、国家和世界图存的唯一选择。在这种选择面前，艺术家们将是最得风气之先的。而中国古典文人画，在这伟大的变化之中，便是起于青苹之末的风源。

由于我有长期艰苦实践和冥思苦想的经历，才能从宏观上对中国文人画有如此崇高而博大的评价，才能在未来世界桃花源的洞口，看到了"仿佛若有光"的前景。

无论宏观如何地巍伟，一个人的能力毕竟微末，我略有自信的是对中国古典诗歌、书法和绘画的了解，而当这一切的知识、感悟，体现到我的作品上，最能使我感到因为心手双畅而快意的，便是纵情作泼墨简笔描人物画。

我的泼墨简笔描人物画可以上溯一千年前五代的石恪、上溯八百年前南宋的梁楷。这个充满悟性的、灵气弥漫的、富于文学和哲学意味的画种，在一千年的绘画史上，得不到充分的成长，而在写意花鸟画的领域得以充分发展。而到三百六十年前的朱耷时，登峰造极。朱耷天才的绘画、他的美学追求及所达到的高度，前不见古人，后不见来者，大有俯视中西古今一览众山小的气势。

后来者则如何？我仅仅讲的是"尚未见"的进行式，而非"永不见"的完成式。为了使自己能否定"永不见"的悲观论调，我开始全副热情地研究八大山人，漏卮豪灌八大的佳醅。"忘形到尔汝，痛饮真吾师"（杜甫句），自视八大山人为异代知己。

这张老子出关，正是我和八大山人意合神侔、飞觥豪饮时的产物。形忘而后意在，简极而后神全，自以为骎骎与八大山人争驱。君不见老子挟着清风，牛蹄踩着芳草，徐徐而来，悠悠而去吗？这"自然"的两字圣典，正是由他演教而由艺术家们实现的啊！

老子出关

老子皓髯

造化是一个永恒的谜，它竟在二千五百年前将释迦牟尼、孔子和老子差不多同时降临到人间，东方思想的万丈广厦将依靠这三位擎天的巨臂支撑。彼苍天冥冥中的意志不止于此，在上古之世还展示了它伟大的平衡术，它不能让东方独擅其美，古希腊哲学的宏伟大殿也需有巨人鼎柱。孔子殁后十年苏格拉底出生，他与墨子共生于世六十多年之久；而孟子则和柏拉图共生于世二十五年，与亚里士多德共生于世五十年，庄子亦同时前后在焉。造化更奇绝的平衡术是让东方的感悟和西方的理性分道扬镳，各树大纛，直到近代才使之邂逅，而让它们在21世纪真正拥抱，这是天演的喜剧还是悲剧？啊，人类的思想也是有着它们的悲欢离合，也是"此事古难全"啊！

我和老子恐怕是结下了一世之缘了。悲鸿之马、可染之牛、黄胄之驴都有着符号意味，而当今之世一提及范曾，大概立刻想到老子，而有趣的是先祖文正公，西夏人称他"小范老子"。

老子其人其书一直是历代学人论争不休的问题。司马迁《史记》是迄今为止记载最详而未必翔实的第一手资料。讲它"最详"，是因为西汉司马迁之世，距老子已经三百五十年以上，老子已成了一团迷雾。而司马迁独能罗列有关老子的三种说法以供世人参照，他本人则未置可否；讲它"未必翔实"，是因为司马迁之前没有这方面权威性的记载，因之老子的生卒年月等只能付之阙如。从司马迁的行文上看，他比较倾向于第一种说法，即"老子者，楚苦县厉乡曲仁里人也，姓李氏，名耳，字聃，周守藏室之史也"。关于这个老子，《史记》记载了他与孔子的见面，即孔子适周将问礼于老子，老子告诉他："君子盛德，容貌若愚，去子之骄气与多欲、态色与淫志，是皆无益于子之身，吾所以告子，若是而已。"这是类似前辈直言不讳的训话。在老子看来，孔子智巧形于色，与他所希望于圣人"直而不肆，光而不耀"的抱朴守真的仪态，实在相去太远。孔子被训之后，非但没有生气，还对他的弟子们讲："鸟，吾知其能飞；鱼，吾知其能游；兽，吾知其能走。走者可以为罔，游者可以为纶，飞者可以为矰，至于龙，吾不能知，其乘风云而上天？吾今日见老子，其犹龙邪！"足见在孔子的眼中，老子是一位神化的人物。《史记》接着讲老子"修道德，其学以自隐无名为务。居周久之，见周之衰，乃遂去"。在城关（也许指函谷关）遇关令尹喜，对老子讲：你此去将隐居不出了，你必须把你的书写出来。老子这才下笔五千言作上下篇，这就是道德经。老子此去，就不知所向了。

我喜欢画老子，画他的说法演教，画他的闭目神思，画他的骑牛出关，而旁边总有一个稚拙无邪的村童做他的书仆，背

關令尹邀駟

歲乙酉商范曾

关令尹送聃

着他的几卷《道德经》和饮水的葫芦。老子则素衣布鞋，须眉
皓如积雪，而头发披散，不着巾帻，有飘飘欲仙、不与世争的
风神。他微微地欠着腰，半睁半闭着那双洞察天地古今的慧目，
寂然凝虑，悄焉动容。那童子不正是对老子永怀敬意的范曾我
吗？在老子面前，我心灵上有一种无法言状的感动，我笔下那
霜雪似的毛发，正昭示着皑皑千山般明净高远的学识、那止水
般的宁静，也象征着老子澄潭千尺、清澈幽深的思维。

老子出关

老子与童子

　　在罗曼·罗兰的《约翰·克利斯朵夫》的尾声中，他引用圣者克利斯朵夫的故事："圣者克利斯朵夫渡过了河。他在逆流中走了整整一夜，现在他结实的身体像一块岩石一般矗立在水面上，在肩上扛着一个娇弱而沉重的孩子。"（笔者注：这孩子是圣婴）这孩子就是未来，就是不朽的生命。

　　古希腊的大哲苏格拉底提出了"精神接生术"的命题，显然，他希望"有思维的人"能通过精神接生术得到一个绝对知识的宁馨儿。这宁馨儿是"真正的良知"（黑格尔评苏格拉底语），从而这"有思维的人"成为了万物的尺度。有思维的人所接出的婴儿同样就是未来，就是不朽的生命。

　　老子在《道德经》中以为一个具有雄才大略的、睿智伟岸的人，应该虚怀若谷、谦恭下士（"知其雄，守其雌"），那么他就可以"复归于婴儿"，他就具备了"柔弱生之徒"的特性，唯婴儿之柔弱，才有了不朽的生命。这里，老子和圣者克利斯朵夫、古希腊的大哲苏格拉底，都托出了一个婴儿，东方的睿智和西方的宗教、哲学，在这里邂逅。

在老子看来，一切生长着的、滋荣着的生命是柔弱的，而一切死亡着的、枯萎着的生命是僵硬的。水，平静而和缓地从深山流出，润物无声，泽被遐迩，那是柔和的象征。然而水却能无坚不摧，可以载舟、可以覆舟，使巨石危岸崩塌、日星隐耀、山川变色。当柳条抽丝吐绿、拂面迎人时，你知道这是春的消息，而当霜露既降，木叶尽脱时，那萧杀的冬天也将降临。老子把婴儿、"无极"和"朴"联系起来，他以为人类应该"复归于婴儿"、"复归于无极"、"复归于朴"，因为只有复归，人类才有可能有不朽的生命和未来。

你看那老子何等的和悦，他心灵里了无尘垢，微微地抬着头、微微地笑着，那是历尽人间沧桑、看透治乱兴亡、认清枯荣损益之后，大彻大悟者的欣然微笑。他的背稍向前弯，清明在躬，那是博大者的虚怀。童子既憨而且朴，稚气和浑厚成了他充满活力的生命特征，他紧随着老子或者说老子紧贴着他，甚至可以说，老子和童子合二为一。

对于老子的形象，在《神仙传》中有如此的记载："老子……身长八尺八寸，黄色美眉，长耳大目，广额疏齿，方口厚唇，额有三五达理（皱纹），日角月悬（指额之两端），鼻有双柱（鼻梁奇阔），耳有三门……"显然这是神话传说中的异相之人，这些描述对我塑造老子并没有直接的影响，但有潜移默化的效应。一般说来老子在我画面上都双目微闭，但当它们张开时，的确"大目"莹然有光。额角宽广，如悬日月，有帝王像。这些都早已收入笔底，可说是《神仙传》的启发。又《史记》载："盖老子

上善若水

百六十余岁，或言二百岁。"这"盖"字有怀疑之意，是不足信的，然而作为画家，我则画出了一位可以永寿的须发皓然的老者，何止二百岁。

至于老子的神采，在《史记》上有一段孔子问礼于老子的记载，孔子被训诫之后出来对弟子们讲：鸟能飞，鱼能游，兽能走，走者可以网捕，游者可以垂钓，飞者可以箭射；至于龙，我就不知道了，它乘风云而上天，我今天见到了老子，他就是龙啊！

我可能画的正是一条龙，一条神龙。老子以他神龙见首不见尾的、幻化莫测的广大智慧，疏而不漏地笼罩天地古今。别小看这怀抱虚冲的老者，他阴柔进取的大智，曾使汉文帝、景帝恢复了帝国的元气，为汉武帝的强大奠定了雄厚的基础。

然而他却抱着"不争"的信念，骑着青牛与童子远去，据说出了函谷关之后迷不知所向。

老子演教

　　这是一双如深潭般清澈的眼睛，当它们张开的时候，像高悬的明镜，像幽潺的流泉。它宁静肃穆而灵动，它谦卑宽宏而敏悟，那是大哲先知所独具的风神。那童子纯稚无邪，心灵了无渣滓。他并不着意追逐老子的思维，而老子的言说，却似乎正是描述这"婴儿之未孩"。只有不曾经受俗尘污染的灵魂，才能真正趋近老子。那一身皓羽的仙鹤，婉转高洁的仪态，使人想起画外天宇的云影和云外仙鹤的嘹唳，那不正是老子羽化登仙的象征吗？

　　老子在讲"道"，他在讲述天地万物的源头，讲述古往今来的嬗变，讲治乱兴亡的大策，讲盛衰祸福的演化。道，它冲融和穆，大而无外；它独立不改，周行不殆。它是万物慈爱的母亲，它不是神，却似乎比上帝活得更久长。它是"大"，是六合不容的至大；它是"玄"，是众妙之门的泰玄；它是"一"，是万物复归的齐一；它是"朴"，是渊深无极的纯朴。二千五百年前，当人类的知识还是一片荒芜的时候，通向智慧的路充塞着崩榛和荆棘。那时古希腊还没有柏拉图和亚里士多德，世上还没有逻辑学和物理学。望远镜还没有，何来天体物理学。然而在东方，老子凭着天才的颖悟，不假理性的求证，对宇宙本体作了一次令天地动容、神鬼哭泣的闳大而辟的论述。我们不妨把老子的言说当作是假设，而假设如此美妙，就不是古希腊哲人们可以比肩的了。柏拉图也有假设，那"永恒理念"，须要"不朽生命"的回忆，而回忆则借助于逻辑。逻辑，可能是通向真理的钥匙，也可能是通向谬误的绿灯。总之逻辑使西方人是非之见日趋明确。而在东方哲人大而化之的体系中，是非在"和谐"之中并存，你中有我，我中有你。

老子告诉人们，道之所在，便是冲融和谐之所在。它使万物自然生发、各得其所。它把锐利易折的事物挫钝，把驳杂淆乱的事物梳理。使炫耀刺目的光照柔和、使居卑处微的地位圣洁。这在老子便以为是达到了"道冲"之境，人类往昔的一切过错都是在于对"道冲"的漠视。春秋之世的礼崩乐坏，民不聊生至于不畏就戮，诸侯的战伐杀掠无休无止，归根结蒂都是不能做到一个"冲"字，不能和谐地相处和对话。其实在老子看来，远古之世并没有如此残酷的仇杀和争斗，那时的人"甘其食，美其服，安其居，乐其俗。邻国相望，鸡犬之声相闻，民至老死不相往来"。这是东方的乌托邦，老子和托马斯·莫尔不同的地方是：老子只是回忆，莫尔则是追求，老子的谋略足以用阴柔的进取缔造巨大的王朝，而莫尔则是假设大西洋中有这样一个理想的王国。

"不争"、"无为"实现着"无不为"的理想，老子被历史推上了无限崇高的智慧的宝座，莫尔则被世俗的强权推上了断头台。历史为东方和西方留下了两个大的惊叹号！

老子出关

老子看老子

清同治、光绪年间，中国出了不少诗人。其中能称巨擘者有曾祖范伯子及陈散原、林纾诸人。范、陈两老相契，遂结儿女姻缘，近代颇享大名的画家陈师曾便是范伯子的女婿。对于范伯子的诗，陈散原评为："苏黄以下，无此奇人。"伯子也自许云：

> 我与子瞻为旷荡，子瞻比我多一放。
> 我学山谷作道健，山谷比我多一炼。
> 惟有参之放炼间，独树一帜非羞颜。
> 径须直接元遗山，不得下与吴王班。

范伯子为我曾祖，祖父范罕亦以诗名。至父亲范子愚先生，颇不坠家声，精于音律，善古文辞章。我与二兄范临、长兄范恒幼承庭训，亦皆能诗。

父亲少聪慧，宣统二年（1910）宣统二年随祖父游学日本，初读五、七言诗，学作短句，他留下的一首最早的诗，当作于此时，这首诗题《夜雪》：

昨夜一更尽，凄风入枕来。

残灯留暗影，窗外白皑皑。

他自题于诗后云："时庚戌年十二随大人留学日本。"十二岁的少年，对家国兴亡只有朦胧的感受，父亲在以后的述怀诗中，对此有所追忆："我生之初，天下滔滔。童年侍父，东涉风涛。苍茫回首，故国飘摇……"

十三岁时欣逢辛亥革命，随父回国。此时诗道大进，有"深秋处处风如水，更听梧桐叶半残"句，为乡里诗坛斫轮老手所激赏。十六岁入中国大学预科，十九岁因父病返里。此后数年居家读经、史、古文诗赋，从此稍识先世家学。

祖父范罕与泰州学者缪篆先生，同时留学日本。1921年缪篆先生长女缪镜心年方十九，由于颖慧多才、品貌出众，是闺阁中为世所瞩目的少女。范罕先生谋诸挚友缪篆先生，双方皆愿结成秦晋之好。二十三岁的范子愚与缪镜心结婚，门当户对，一时江左传为佳话。缪篆先生曾与鲁迅先生同时执教于厦门大学，任哲学系教授。鲁迅先生曾在《两地书》中描写过一次教授的恳谈会，有一位教授拍文科主任林语堂的马屁，讲林是教授们的父辈，缪篆拍案而起，拂袖而去。这幕颇富戏剧性的场面，正反映了外祖父刚直耿介的脾气。据说范家的人都有些狂气，而与范家结亲的人家也多有傲骨，这不是狂上加傲了吗？其实

"傲"字与"狂"字并不可怕，人们是往往把特立独行、狷介不阿都归入"傲"和"狂"的，"狂"而不妄，"傲"而不肆，大体还是一种可取的个性呢！

子愚先生婚后游幕安徽，两年后求学于上海美术专科学校，二十八岁返里，不复远游。先后执教凡三十余年，其中包括解放后的十年。1959 年退休，曾有漫游之志。1960 年重游北京，人世沧桑，感慨良深。

父亲一生以"澹泊"二字为座右铭，不求闻达。作诗自愉，然其格调高华，为侪辈所重。父亲平生没有发表欲，一诗既成，吟咏数日即藏之箧底。而其作品中最令人感动的便是他自青至老写给母亲的诗章。母亲去世之后，我无法慰藉父亲的痛苦，我带他去西湖作消愁游。他一下子苍老了很多，他无心欣赏里、外西湖水的碧波，赶紧要返故里，即使人去屋空，但故园总有母亲的痕迹。又是一个春天来临了，他吟哦着：

> 世有春愁我独无，两间变化久模糊。
> 天藏巨眼曾谁睹，曙已微明更待呼。
> 望里楼台徒郁郁，梦中人物尚劬劬。
> 玉溪婉转情如织，一别吞声万劫逋。

他当时住在北京我的单人宿舍，他觉得"作客原知身是寄，问天无语梦犹遥"。他也知道沉浸于悲痛，正摧残着他的健康，"忍

老子看老子

将别恨催风烛，应向崦嵫驻夕阳"。但又有什么办法？他无法解脱和母亲五十年爱恋的情愫，他知道这一次痛苦的分量，一次够了，他说："他生誓作空山鹊，永断尘寰报喜情。"

父亲1984年谢世，此前他已知道日本冈山县建立了永久性的"范曾美术馆"，他是带着一份内心真正的欣慰走的。

这幅《老子看老子》是母亲去世之后，父亲寓居北京时我为之速写的。彼时父亲已年近八十，对母亲之怀恋未一日轻忘，每餐必先将食品供奉于母亲像前，然后自食。其时，当我看到父亲每于诗稿上钤"独鹤"一印时，便深恐父亲用情太深而伤身，然而父亲在孤独的十三年中不复生趣，为儿者对此无能为力。

在整理父亲遗物时，发现一包，外裹以布，内一层又一层地包以纸。打开一看原来是父亲珍藏的婚前母亲家送来的庚帖，写生辰八字以为应聘之礼。这是父母亲一生视为无价之宝的信物。父亲的诗写得很多，在老人应允的前提下，我为他印了一本《子愚诗抄》，留给父亲一百本馈赠好友。父亲将一本供在母亲灵前。父亲去世之后，发现一包东西包得严严实实，打开一看，是他的诗抄，余下九十九本。也许，父亲出于谦逊，以为自己为大诗人之裔，不足以此炫人；也许，父亲出于骄傲，"国无人，莫我知兮"。但是最确切的解释是父亲只以诗自慰，这是陶渊明式的真正的诗人。

庄子心解

天地有大美而不言

大美不言

一、天籁的妙曼

美为何物？美在哪里？难道美在世俗彩绘的画栋雕梁？在季子之堂的"八佾之舞"？在那精制的陶器和仪仗的斧钺？在墓葬或陵寝的装饰？去吧去吧，这都不是。这些在庄子看来都是丑陋不堪的、恶俗的、不可容忍的。美，在庄子看来，存在于天籁、地籁和人籁。籁，在庄子书中已超越了一般的由孔穴发出声音的涵义。"籁"是一种声音、一种气息、一种氛围，是没有经过人工雕凿的、天然淳朴的存在。天地之间的万物随风所发出的声音，音调万殊：清风徐来的水上，飙风狂啸的陡壁峭崖，摇曳着的枝柯，横斜着的林木，杂沓着的人生漫漫长途，却都有那无待外物推动自己，而"咸其自取"（《庄子·齐物论》）的声音、气息和氛围。风，是看不见摸不着的，而这"咸其自取"的万物殊态、大自然的五音繁会，你却能感到、悟到。对天籁、地籁、人籁的感悟所必需的条件是：作为认识主体的人自身的物化，一种与万物齐一、无隔无封的状态。这就是当颜成子看到南郭子綦这位真人的生命状态不仅形同槁木，而且心如死灰，他的生命已然回归大化，与万类同生、与草木同腐，一切的区别对他来讲都不复存在。他讲出了三字最高谶言："吾丧我！"我已失去了自己、忘怀了自己、抛弃了自己，只有这时，南郭子綦一定听到了那宇宙间最美妙和谐的大的交响！

二、弃绝矫伪

庄子绝对地弃绝人间的艺术，包括绘画、音乐以及艺术化了的所谓礼仪、巧妙化了的所谓雄辩。他以为这些足以炫人眼目、乱人耳听、闭塞真性、淆扰心灵的五色、五音、仁义、言说，都从根本上违背了"天籁"，失去了"朴"和"真"，因此宛如并生的脚趾和歧出的旁指，不过是身体上的赘疣和痈瘤，这些东西与人的天性相背拗，必除之而后快。离朱，你是什么画家？你所彩绘的青黄相间的华服何等地刺目；师旷，你是什么音乐家，你那烦乱而媚俗的音乐何等地刺耳；曾参与史，你们虚伪的仁义，徒然在惑乱世道人心；杨朱和墨翟，你们废话连篇乃是欺世炫人、追逐浮名。"彼至正者，不失其性命之情"（《庄子·骈拇》），这是庄子学术之大纲，至理正道，质言之就是一句话，不失天然的情性、不失生命的本根。庄子的美学思想是彻底的真和朴，这和他本人的社会的、政治的思想完全是一致的，一切违背天然情性、生命本根的社会、政治、文化、理想在庄子面前都遭到致命的粉碎性的打击，而不是一枝一节的损伤。他说自唐尧虞舜之后，天下滔滔，莫不

大贤虚己

以仁义相激励，呼啸奔走，然而正是这时人性沦丧，"以仁义易其性"（《庄子·骈拇》）。三代以下，小人以身殉利、士则以身殉名、大夫以身殉家、圣人以身殉天下，"此数子者，事业不同，名声异号，其于伤性以身为殉，一也"（《庄子·骈拇》）。在庄子看来，天然本真的生命价值重于一切身外之物，重于利、名、家、天下。而利、名、家、天下不过是"千仞之雀"，唯有这不失本性的生命，才是"隋侯之珠"，是不值得以珠殉雀的。同样，在庄子看来，东周之世，艺术的成果不过是一些摧残事物本性的矫伪之作，那是鄙俗的、市侩的、乡愿的、阿谀献媚的、假仁假义的、充满恶浊之气的渣滓。艺术同样不可殉利、殉名、殉家、殉天下，"虽通如师旷，非吾所谓聪也"、"虽通如离朱，非吾所谓明也"。那么庄子有他所认为美的存在吗？有的，那是超越了感官视、听、色、味的存在，那是"吾所谓臧（完美）者，非仁义之谓也，臧于其德（规律）而已矣"。完美在于回归宇宙之大德，完美在于回归生命天然的情性与本根。"吾所谓聪者，非谓其闻彼也，自闻而已矣"，精微的听觉，不在于你听到外在的什么金、石、丝、竹，黄钟、大吕，而在

蜗角蛮触

内省的美妙的体悟。"吾所谓明者，非谓其见彼也，自见而已矣"（《庄子·骈拇》）。明澈的视觉，不在于你看到的什么青黄相间，五彩斑斓，而在内省的玄幻的寂照。

三、庄子和西方的悖论

庄子把社会的、人生的、美学的思想融为一体，了无间隔。在庄子的哲学中，不似弗洛伊德之剖析"伊德"、"自我"和"超我"，庄子就是庄子，"庄子"、"自我"、"超我"是一体的，因为庄子就是自然的存在，而弗洛伊德不是自然的存在，是社会的存在，只有社会存在意义上的人，才用得上弗氏的学说。庄子做到了彻底的自然回归主义，一切西方现代的前卫主张者，裸露着胴体在森林荒野与草木鸟兽共处几天、男女杂游、不婚不聘一番，那不过是现代化生活逼出的乖张和逆反，与庄子之思南辕而北辙，不可同年而语。庄子之思有着哲理上的凛冽寒光，有着为人品性上的质实淳厚，有着艺术上去尽雕饰、洗尽铅华的大美奇朵。于是，庄子在反对一切美的创造之后却创造了一个天地大美的理想。光凭着这个理想，我们就知道庄子的美学思想不仅照耀了二千三百年，还将照耀着无穷极的后来者。

艺术家无论口头上如何狂肆、如何孤傲、如何鄙薄同道，一俟其静夜独坐、扪心自问的时候，些许的怯懦、些许的自悲、些许的无力渐渐袭来，由于生性缺少淳厚和质朴，因此没有真正的反省和忏悔，白日里继续着标榜和吹嘘。这种心态的循环往复，使这样的艺术家陷入苦恼的怪圈，他们的作品也日趋矫揉造作、故弄玄虚。商人、评论家与他们相依为命，帮助他们成全他们的噩梦，使他们的画价或其他艺术品价格更高昂，同时使他们在人性上更趋畸变，最后他们渐渐觉得自己果真是上帝死后新生的神灵。然而无所不在的良知也会偶尔在他们心头浮现，不可一世的毕加索对自己是否有天才，常持疑虑。现实的虚荣，往往是天才的重负，甚至使天才消损而沦丧。

你们见到拈花微笑的佛祖和迦叶了吗？见到鼓盆而歌的庄生了吗？见到发现了"一切美的相同性"的苏格拉底了吗？东西方的睿智是可以为 21 世纪人类文化接出一个强壮的宁馨儿的。20 世纪人类文化史上留下了太多的垃圾和丑陋，背离自然和谐乃是万恶之源。

四、天地的大和之境：天倪、天钧

啊，天地大美！天衣无缝、天章云锦的大美，那天半朱霞、云中白鹤、山间明月、水上清风；那峻岭险峨、奇峡大壑、渺渺微波、浩浩江流；那寒光积雪、大漠孤烟；那风萧马鸣、落日余晖，何处不是造化神奇的创造，茫茫天宇、恢恢地轮，何处不是无言的大美？

"天地有大美而不言，四时有明法而不议，万物有成理而不说"（《庄子·知北游》）。天地的大美，四时的序列，万物的枯荣，都是由于那"惛然若亡而存，油然不形而神"的本根——道——自然的伟力所致，至人在它面前无所作为，大圣也不会妄自运作。人们在宇宙本根面前，只有虔敬才是本分。《庄子·秋水》在嘲讽庄子论敌公孙龙时说他无法察悉庄子的精思妙言："是犹使蚊负山，商蚷驰河也。"以为他有限的视野和深度不过是"用管窥天，用锥指地"。说到底，在我看来，庄子本人否定一切人类智巧，人类的所有发现、发明和艺术的创造都不过是"用管窥天，用锥指地"而已，比起宇宙的大美，实在太渺小了。

在庄子看来，天地是硕大无朋的熔炉，而造化则是技艺高超的大匠人，它们陶熔浇铸了宇宙万物，万物的生息繁衍、生死枯荣都是这熔炉和大匠的驱遣，生死存亡浑浑然一体，归入于大化的熔炉之中。不必强自己所不能，一切得失都是顺应，于是生之欢乐、死之悲哀都会在这大顺应、大过程之中消融，那就真正摆脱了人生的倒悬之苦。（《庄子·大宗师》："且夫得者，时也；失者，顺也。安时而处顺，哀乐不能入也。此古之所谓县解也。"）

当我们艺术家在人生的体验上，没有一种彻底的大解脱，在倒悬之苦中挣扎，处于这种心态便无法与大自然在浑然中邂逅，无法去了解天地无言的大美，而又欲标新立异，炫人耳目，必然如庄子书里熔炉中跃然而起的一块说"我必须成为莫邪那样的良剑"的熔金一样，被视为不祥之金。一切艺术上的故意矫造，何尝不似这跃然而起的恶金？

天地大美是一种无是非、无差异的齐一淳和之美，天地万物的生息、消长、相禅替，开始和终结宛若一环，不见其规律，这在庄子书中称为天钧，也称作天倪，就是自然而非人为的分际，乃是一种真正的大和之境。（《庄子·寓言》："万物皆种也，以不同形相禅，始卒若环，莫得其伦，是谓天钧。天钧者，天倪也。"）也许你不一定在争奇斗艳，然而倘不能把握这天钧，不了解这不见规律的淳和之境，那么天地大美又何在呢？没有这种与大自然浑然一体的融合，你做不到大解脱，也依然会沉沦在倒悬之苦中。

五、心态高峰体验：醉意、神全

庄子哲学的观察体物，绝不是明辨清晰、纤悉无遗的，庄子生就了一双混沌的醉眼对着滚滚的红尘、浩浩的宇宙。而过分的清楚，似有所得，实质却形神离散，接近死亡。把有形的东西看作无形，那么反倒气静神定。（《庄子·庚桑楚》："以有形者象无形者而定矣。"）庄子在《达生》篇中讲到一个醉汉坠车的故事，虽然他遍体鳞伤却不曾死亡，他的骨节与别人一样，而却生命独全的原因是他"其神全也，乘亦不知也，坠亦不知也，死生惊惧不入乎其胸中"，所以遇到伤害而无畏惧。我想醉汉自车而坠时尚昏昏酣睡，如物坠地，一切顺乎自然，一种彻底的放松状态（"其神全也"），倒比那些临危惊恐万状、手足无措的人容易逃过大劫。因为心智在惊恐中所作判断，大体都逆乎自然。所以庄子通过关尹阐述进一步的道理，醉汉尚能"得全于酒"，更何况"得全于天"的人呢？如果能真正与天地精神相往还，那还忧愁怛悼、还患得患失、还畏生怖死吗？不会了，那时你就可以过乎昆仑、游乎太虚，在无何有之乡徜徉，你就能真正地去拥抱天地的大美，这是一种如婴孩般天真无邪、如醉汉般混沌痴迷，逍遥自由、和谐统一的高峰的体验。庄子还会在下面向我们展示这种奇妙的境界。

六、得失之间

一切经过人为加工的、注入了人类"心智"的，一切为声、色、香、味和欲念所驱使，而自以为有所得者，在庄子看来，都大悖自然的本真情性，都是丑陋的。百年的大树，在大自然里掩抑扶苏，何等壮美，而偏偏"破为牺尊"，以青黄的彩色绘以花纹，而将断木残枝弃于沟壑。我们将这件雕饰花纹的牺尊和断木残枝相比较，固有幸与不幸的区别，然而在失却自然的本性上而言，它们却无二致。盗跖和曾参、史䲡，他们的行为和所尊奉的道德价值观不一样，然而在失去人的本性上而言，也是没有区别的。庄子以为丧失真性有五种情况：五色乱目，使目不明；五声乱耳，使耳不聪；五臭薰鼻，壅塞嗅觉直达额顶；五味浊口，味觉败坏；趣舍迷心，使性驰逐。这五种情况，乃是戕害生命之大恶，这些都是杨朱墨子所汲汲以求者而"自以为得"，这不是庄子所谓的"得"，苟得者反为所得而困扰，那可以说是"得"吗？而这种困扰和鸠鹊之于牢笼、和虎豹之于圈栅、和罪犯受于酷刑有什么区别（《庄子·天地》）？世俗的凡人将上述生命之大恶如柴栅般充塞于胸，而得道的真人却非如此，他们探究穷极事物的真性，持守他们的本根，忽忘天地，弃置万物，他们精神世界不受外物的困扰，他们真正与大道至德相融合，摒弃仁义和礼乐，那时他们的内心便是一片恬淡、一片清明，静如止水，寂如太虚。（《庄子·天道》："极物之真，能守其本，故外天地，遗万物，而神未尝有所困也。通乎道，合乎德，退仁义，宾礼乐，至人之心有所定矣。"）

七、体道合一、以天合天

庄子体道的论说，表面上的确与艺术不共戴天，然而他往往阐述和展示了艺术的本质。一个艺术家倘若不读《庄子》，而只知从后世文论、画论中寻章摘句，那就不知源头所在。如果说庄子是辽阔的天宇，那何必以管窥天？如果说庄子是宁静的大地，那何必以锥测地？庄子用斫轮老手和梓庆的故事，给我们展示了一个最透彻的真理，故事本身非常雄辩，不必凿凿以言：有一位斫轮老手嘲笑齐桓公所读的圣人之书，不过是糟粕，而自己的悟性来自对道——规律、法则的自然体认，"斫轮，徐则甘而不固，疾则苦而不入"。甘指松缓，苦指涩滞，那是慢不得快亦不得，真是其中甘苦自知，"不徐不疾，得之于手而应于心，口不能言，有数存焉于其间"（《庄子·天道》）。这是不可言说的对大道的深刻体验，这存于其间的"数"，就不是指一般的技巧分寸，而是宇宙的微妙尺度，这种体道一如的境界，是不能喻于子孙、也不能传诸后世的。

庄子在《达生》篇中，讲到梓庆作鐻的故事，梓庆削木为鐻（刻木为夹钟），观者以为鬼斧神工。鲁侯讶之，问其技巧，梓庆说："臣工人，何术之有？虽然，有一焉：臣将为鐻，未尝敢以耗气也，必齐（斋）以静心。齐（斋）三日，而不敢怀庆赏爵禄；齐（斋）五日，不敢怀非誉巧拙；齐（斋）七日，辄然忘吾有四肢形体也。当是时也，无公朝，其巧专而外骨（外在的混乱）消。然后入山林，观天性，形躯至矣，然后成见鐻，然后加手焉，不然则已。则以天合天，器之所以疑神者，其是与！"当一个艺术家，涤清胸中渣滓，洗尽世上铅华之后，忘怀得失，宠辱不惊，不只技术之巧拙置诸脑后，甚若忘却了自己的四肢形骸，那时才能真正做到眼不见绢素，手不知笔墨，下笔无非天然之生机、大造之氤氲，放笔如在眼前，下笔即在腕底，"然后成见镱，然后加手焉"，这种"如灯取影"的境界，在艺术上只有大手笔可得其仿佛。梓庆作镱的过程，他的心路历程，他的凝神养气，最重要的是他的"以天合天"的情状，亦如《达生》篇中所谓"以鸟养养鸟"一样，一切成功的、出神入化的创造都得谙合自然的规律，手段与法则合而为一，否则，最好是搁笔。

　　唐张彦远曾记载毕庶子宏见到张璪作画，"惟用秃毫，或以手摸绢素"。即张璪作画有些不择手段，只要达到感悟，即使秃笔或用手指掌心作画都在所不计。毕宏问张璪受业于谁？张璪讲"外师造化，中得心源"，这"造化"和"心源"是合二而一的，是了无间隔的，这"心源"来自天，这"造化"便是天，这正是庄子"以天合天"的精义所在。唐符载曾有一段文字记载了张璪画松的情状："公天纵之姿，欻有所诣，暴请霜素，愿扬奇踪。主人奋裾，呜呼相和。是时座客声闻士凡二十四人，在其左右，皆岑立注视而观之。员外（指张璪）居中，箕坐鼓气，神机始发。其骇人也，若流电激空，惊飙戾天。摧挫斡掣，抝霍瞥列，毫飞墨喷，捽掌如裂，离合惝恍，忽生怪状。及其终也，则松鳞皴，石巉岩，水湛湛，云窈眇。投笔而起，为之四顾，若雷雨之澄霁，见万物之情性。观夫张公之艺，非画也，真道也。当其有事，已知遗去机巧，意冥玄化，而物在灵府，不在耳目，故得于心，应于手，孤姿绝状，触毫而出，气交冲漠，与神为徒。若忖短长于隘度，算妍媸于陋目，凝毫舐墨，依违良久，乃绘物之赘疣也，宁

以鸟养养鸟

置于龅牙间哉！"这里张璪作画首先不为物役（"不在耳目"），而重在神髓，发自心源（"物在灵府"）。同时他放弃了平庸的机巧，回归到大自然的空灵玄渺之境，这时他才能真正与天地精神相往还，他才能窥见万物之真情性。能"以天合天"者，便是大手笔、真艺师。除此而外，心存狐疑、下笔滞碍、胸罗渣滓、审时度势、计算精到的獐头鼠目之辈，无不是艺术之大敌，他们的作品也必是人类文明之赘疣痈疽。庄子是"伪"的死敌，是"真"的赤子，是矫情伪态之敌，是自然大造之子。

八、解衣般礴，不为物役

在庄子眼中，竭尽五色之变化不为美，穷尽五音之玄妙不为美，这一切都是人们的"小识"、"小行"，而"小识伤德，小行伤道"，是不足为训的。庄子所容忍的只有一种艺术家，那便是一种处于情态自由的、彻底忘怀得失的、般礴睥睨的、无今无古的、无功利观念的艺术家。艺术之于这类人完全是他们体道一如的象征，而不是博取名利爵位的手段。他们的追求不是如屈原所讽刺的"忽驰骛以追逐"的鄙俗心态，而是无所依恃、无所企求，或换言之，他们追求的正是彻底的无所追求，那是一种醉汉式的自我陶醉。陶渊明笔下那"造饮辄尽，期在必醉，既醉而退，曾不吝情去留"，"常著文章自娱，颇示己志"的五柳先生，便是这样的艺术家。《庄子·田子方》记载了一则故事：

宋元君将画图，众史皆至。受揖而立，舐笔和墨，在外者半。有一史后至者，儃儃然不趋，受揖不立，因之舍。公使人视之，则解衣般礴，裸。君曰："可矣，是真画者也。"

这位画者"儃儃然"的状貌，是何等的清闲散淡，而那"解衣般礴，裸"的神气和那醉者神全的状态何其相似。裸露着胴体，回归大自然的怀抱，扫尽一切人间的伪态，包括服饰、礼仪（受揖不立），他在释放自由的灵魂的同时，释放了受礼教束缚的形骸。这时，艺术家才能与天地精神相往还。艺术的本质是与宇宙同体：回归那宁寂而和谐的太始，忘却机变和智巧，这是中国的书画艺术一向以"朴"和"拙"为最高境界的根本的哲学依据。

石涛在《画语录·远尘章》中讲："人为物蔽，则与尘交；人为物使，则心受劳。劳心于刻画而自毁，蔽尘于笔墨而自拘。此局隘人也，但损无益，终不快其心也。我则物随物蔽，尘随尘交，则心不劳，心不劳则有画矣。"在石涛看来，画不是劳心苦志的产物，"物随物蔽，尘随尘交"则是一种无求无待的状态，这是"以天合天"、"以鸟养养鸟"的体道合一宇宙观在绘画理论上的妙说。

石涛所激赏的是新安吴子一类的艺术家："每兴到时，举酒数过，脱巾散发，狂叫数声，发十斗墨，纸必待尽。"这使我想起怀素的《自叙帖》："忽然绝叫三五声，满壁纵横千万字。"

这"狂叫"、"绝叫"的情态，足令世俗之人惊骇。这凌厉而放纵的呼喊声，打散了束缚人类自身的种种枷锁，诸如宠辱毁誉、名缰利锁、法则标准、礼仪尊鄙等等。这呼喊无异于回归自然的忘情歌啸，无异于对世俗尘嚣决裂的宣言；这三五声的绝叫驱散了困扰人生的尘雾，砸碎了使人类心灵就范的条框，使沉寂的艺坛风云震荡，使自诩于一得之见的艺林群氓自惭形秽。艺术不是乡愿俗客的乐土，不是趋附风雅的园林，那是真正的自然之子——醉客狂士的天堂。这些人用庄子对至人的描述是："逍遥"、"苟简"、"不贷"，他们纯任情性，逍遥于太虚之境；他们不尚浮华，生活于简朴之中；他们既不施予他人，也不使自己受损；他们是纯粹的、个性的、自由自在的、不受束缚茧囚的生命；他们的行迹，庄子称为是"采真之游"，他们下望人寰：那些受大自然刑戮的人群，为名、禄和权力所困扰的人"操之则栗，舍之则悲"，永远在胆战心惊和悲哀惶惑中挣扎，那是人类万劫不复的丑陋的泥淖。

老庄之辨

　　关于庄子其人其书，问题不像老子和《老子》书那样扑朔迷离。在司马迁的《史记》中记载庄子十分简略，只是讲："庄子者，蒙人也，名周。周尝为蒙漆园吏，与梁惠王、齐宣王同时。"关于他的身世还在最后提到："终身不仕，以快吾志焉。"战国之世，漆器工艺发达，我们在战国时代墓葬之中发掘出的漆器，至今色泽灿然历两千余年而未朽烂，而"蒙漆园吏"一职，只是管理漆园或兼管漆器制作的微末小吏，也许庄子一生最大的职务即此而已。

　　"蒙"指何地，争论直至今日而无定论，由于出生地有所争议，故有以为庄子是战国时宋人，又有谓其楚人，甚至说是齐人、鲁人的，今从宋人之说。亦有以庄子《寓言》中所出现的帝王年代来校订司马迁之《史记》者，殊不知寓言本托无考之说以寓深旨，并不能为史家提供年鉴。亦有以《寓言》指证于史实，以史实纠正《寓言》者，这都和《庄子》之旨相悖，颇有迂阔之学究气。今对庄子之生卒亦只能约略定为公元前369年至公元前286年之间，与孟子几乎是同时。

　　《史记》中对庄子的性格作如是讲："然善属书离辞，指事类情，用剽剥儒、墨，虽当世宿学不能自解免也。其言洸洋自恣以适己，故自王公大人不能器之。"意思是他驰骋纵横其辞章（离词），对儒、墨两家痛加攻击，当世的博学鸿儒谁也不能幸免，然而他汪洋恣肆，思如涌泉，意如飘风，不为文不足自快，当政的人，不会器重于他。接着司马迁讲了一则故事，因为《史记》不仅是一部了不起的"通古今之变，成一家之言"的史书，它还是一部瑰丽雄浑的文学巨著，所以他不排除口头文学的渗入。《史记》这样写道："楚威王闻庄周贤，使使厚币迎之，许以为相。庄周笑谓楚使者曰：'千金，重利；卿相，尊位也。子独不见郊祭之牺牛乎？养食之数岁，衣以文绣，以入太庙，当是之时，虽欲为孤豚，岂可得乎？子亟去，无污我。我宁游戏污渎之中自快，无为有国者所羁。终身不仕，以快吾志焉。'"这段记载不一定是真实的。在《庄子·列御寇》中有这样两段类似的故事："或聘于庄子。庄子应其使曰：'子见夫牺牛乎？衣以文绣，食以刍叔，及其牵而入于太庙，虽欲为孤犊，其可得乎？'"又《庄子·秋水》中载云："庄子钓于濮水，楚王使大夫二人往先焉，曰：'愿以境内累矣！'庄子持竿不顾，曰：'吾闻楚有神龟，已死三千岁矣，王巾笥而藏之庙堂之上。此龟者，宁其死为留骨而贵乎？宁其生而曳尾于涂中乎？'二大夫曰：'宁生而曳尾涂中。'庄子曰：'往矣，吾将曳尾于涂中。'"显然，西汉之世，庄子之书广为流传，而不同抄本，各擅其长，司马迁正是做了综合荟萃的工作而入《史记》。然而，这些故事作为反映庄子的性格则既生动而又准确。

驼背老人与秋蝉

及至魏晋之世，玄学大兴，注《庄子》者蜂起，据《晋书·郭象传》称，注《庄子》者多达数十家。《汉书·艺文志》称，《庄子》五十二篇，盖指汉时通行之古本，其中包含有并非《庄子》书之《庄子后解》及《庄子略要》等三篇附录，故古本《庄子》实际是四十九篇。这四十九篇中，有十分之三是"一曲之才，妄窜奇说"，略类《山海经》《占梦书》，文词又浅鄙，大悖庄子之旨，宜为西晋郭象所痛，删除之，世传之郭象注本三十三篇《庄子》遂成定本，我们谈论庄子，主要依据此本。

《庄子》书中的《天下》篇是一篇滔滔乎雄文，以极清醒而明辨的心智，论述春秋战国之世各学术流派的理论核心，以持平之见论其是非长短，具有十分精确而审慎的态度。而文章之优美清新、渊源脉络之条理分明，是《庄子》一书中的一篇提纲挈领的备要。显然，这篇文章不是《庄子》自著，而是出自庄子之徒中的高手，其中对《庄子》文风之评价近乎文论，

庄生又願為楚相

歲風吉十翼范曾

庄子不愿为楚相

十分精到。

庄子之文以我之见，由于他才气纵横，汪洋恣肆，大有"纵一苇之所如，凌万顷之茫然"的迷不知所向的气势，而其嬉笑怒骂，随兴之所至，古往今来之号称圣哲者，皆在他股掌之上。因之，读庄子之文，有其至难之处：他那种寓庄于谐的妙文，竟或使你如坠雾中，飘忽无常，妄知所遭，那是一座不可言说的迷宫。而味庄子之文，又有其至乐之境：它的任性挥洒，竟如欣赏大泼墨的文人画，水晕墨章，妙趣横生，它以自身的迷人魅力，震慑你的灵魂，使你于赞叹之余，无形之中，入庄子博大哲理的彀中。这是一种迷茫中的清醒，醉意中的陶熔或者说是一种美的征服，就宛若我们看一座美奂的雕刻、一个丽质的美人，饮一杯山涧的清泉、盛宴的琼浆，久久不能忘怀那沁人心脾的精神上的享受。他欣赏老子之说，并且"闻其风而悦之"，但他绝非老子之徒。因为老子的博大，庄子有之；老子之精深，庄子忘之。庄子之玄妙，老子有之；庄子之谐谑，老子阙如。庄子他自信才华之横溢，不欲为古哲作过分的迻译，甚至他内心最深处对老子严肃的思辨，有所存疑，避而不谈。如宇宙本体的形成，老子有一套推演的逻辑，而庄子则大而化之，对那既然是莫测的宇宙，庄子在跨腾风云之际长怀永慕，在他那宏达超旷的胸襟中，发出浩然长歌般的赞叹，他说："六合之外，圣人存而不论；六合之内，圣人论而不议。"（《庄子·齐物论》）他不愿陷入那永无休止的争辩之中，宇宙"有始也者，有未始有始也者，有未始有夫未始有始也者；有有也者，有无也者，有未始有无也者，有未始有夫未始有无也者"（《庄子·齐物论》）。宇宙有它的开始，那开始之前是什么？还有开始的开始，那这之前呢？还有那更早的开始。宇宙开始有了有，也有了无，那这之前呢？有未曾开始的有和无，这之前还有更早的"没有开始的没有开始"的有和无，这是一个无可穷极的一路推论下去的话题。如果如此清醒地去穷追深诘，那你还是站在宇宙之外，你太企图清晰，就近乎糊涂，而且是一种人间的小糊涂。只有庄子做到"天地与我并生，而万物与我为一"的时候，那就难得糊涂了，那就到达了一个博大的混沌之境，最大的糊涂也就成了最大的清醒，大糊涂接近大慧智，接近宇宙本体，那是一种什么样的境界呢？

庄子托一个无名字的人之口说他正愿与"造物者"做一个伴侣，骑着那浩莽渺冥天宇中的神鸟"以出六极之外，而游无何有之乡"（《庄子·应帝王》）。那是绝对清静寂寥的，无始无终、无所依恃的地方（《庄子·在宥》："处乎无响，行乎无方。"）。就像太阳之运行，没有它的开始。而那儿的一切是无所区别的，"大同而无己"的，你会忘记了自己的存在。那儿最大的是"秋毫之末"，最小的是泰山；最长寿的是短命的殇子，而最短命的则是长寿的彭祖。因为当你还是有具体的形质的人时，只有用具体的数量来计算事物。而在那无区别的境界，不存在那可以用语言来言说的表象，也不存在可以心悟的实质，那一切人世衡量的标准还有什么意义？连你自己的存在都已忘记，那还有什么精推细算的比较？宇宙是无形的，当你和宇宙融而为一的时候，你的形骸又何在？"无形者，数之所不能分也；不可围者，数之所不能穷也"（《庄子·秋水》）。无形的事物，不可以数量计，而无限大的事物，也非数字可以穷极。古人以"粗"字说明皮毛外相，以"精"字说明内在本质，在那鸿蒙的"无何有之乡"，"可以言论者"的"粗"和"可以致意者"的"精"，都没有存在的意义，无形的事物和无穷的宇宙是"言之所不能论，意之所不能察致者"（《庄子·秋水》）的。

不仅事物没有表象与本质的区别，事物也没有是与非的区别，"物无非彼，物无非是"、"彼出于是，是亦因彼"、"方生方死，方死方生；方可方不可，方不可方可；因是因非，因非因是。是以圣人不由，而照之于天，亦因是也。是亦彼也，彼亦是也。彼亦一是非，此亦一是非"（《庄子·齐物论》）。世上的一切大小、美丑、生死、是非、爱憎、忧喜都是相对而同一的，是同一而无差异的。那一件事物出于这一件事物，同样这一件事物出于那一件事物，刚生就是刚死，刚死就是刚生；认可它就是不认可它，不认可它就是认可它；对的缘于错，错的缘于对；这事物就是那事物，那事物就是这事物。从此方面观看，是一种是非，从彼方面看，又是一种是非，也就是说，是非是人为的而非宇宙的本然，是非的产生是由于人背离了浑一的宇宙，自己作为主体而产生的判断，自己倘作为审美主体，也就有了审美的对象的美和丑。前面提到"彼此"，庄子进一步陈明"彼此"的根本不存在，所以他说："果且有彼是乎哉？果且无彼是乎哉？彼是莫得其偶，谓之道枢。枢始得其环中，以应无穷。"（《庄子·齐物论》）难道有"彼此"吗？难道没有"彼此"吗？"彼此"是没有对立的啊，这才是大道的机枢，而这大道的机枢，宛若是圆体而中空的，你伫立于正中，便可以体悟周转贯通的大道。在圆环之正中，看四周是没有任何区别和是非之辨的，这是庄子在解释他的宇宙观时所发明的词——"道枢"。有了"道枢"，你就可以如郭象《庄子注》所云："无是无非，故能应夫是非；是非无穷，故应亦无穷。"

庄子梦蝶

庄子的生命体验
——从说梦到彻悟生死

　　梦,不仅是一个富有哲学意味的话题,同样是一个富于文学意味的话题。在庄子书中,梦境不是寻常的,它连接着宇宙鸿蒙的初始,连接着忘却身外的得失祸福,也同样连接着庄子至美至乐的至人终极追求。梦境离无穷之门已不遥远,在那里,庄子与天地万物并生,当庄子的形骸或许早化入幽石穷尘的时候,一只蝴蝶正栩栩然而起。于是,庄子说:

　　　　昔者庄周梦为胡蝶,栩栩然胡蝶也,自喻适志欤!不知周也。俄然觉,则蘧蘧然周也。不知周之梦为胡蝶欤?胡蝶之梦为周欤?周与胡蝶,则必有分矣,此之谓物化。(《庄子·齐物论》)

　　在梦中,蝴蝶感到惬意快慰(适志),那是蝴蝶的心灵感觉,在庄子的寓言里,一切虫、豸、蠖、蠓、蜩、鸠、鷾鹎,都有着活泼泼的生命和生命的感受,它们自然而生,自然而死,来去都是过程。庄子说梦,他是何等地羡慕那在繁花碧草间翻

庄子梦蝶

然起舞的蝴蝶!一旦他梦中醒来,他在诧异惊叹之余,不愿失去这一梦境,他提出了一个旷古未见的天才的问题,这问题何等睿智,又何等痴悖:是庄周梦中的蝴蝶,还是蝴蝶梦中的庄周?

梦,从此在中国的诗人、哲人那里成了永不憩止的话题,而天才的人们都和梦结下不解之缘。李白梦游天姥,徜徉于千岩万壑,闻清猿啼叫,听天鸡长鸣,看虎瑟鸾车,迎仙人来降,何其快哉,梦中有之,世上所无。然则霍然梦醒:"忽魂悸以魄动,恍惊起而长嗟。惟觉时之枕席,失向来之烟霞。"这一场梦,使李白彻悟了人生:"世间行乐亦如此,古来万事东流水。别君去兮何时还?且放白鹿青崖间,须行即骑访名山。安能摧眉折腰事权贵,使我不得开心颜?"(李白《梦游天姥吟留别》)在庄子和李白看来,重要的是将梦境化为现实,将现实化作梦境,那么必然对人生作如此的解释——人生如梦。然而庄子似乎在其他的章节中，进一步地阐明他的观念——人生不如梦，而觉时的清醒则是愚者的自诩。

《庄子》用长梧子对瞿鹊子的一段话来阐明做梦比清醒为乐的观念："我哪里知道生之欢愉的错误乃是一种迷惑，我哪里知道畏生怖死的错误就像少年沦落人间而不知真正的归宿？"（《庄子·齐物论》："予恶乎知说（悦）生之非惑邪？予恶乎知恶死之非弱丧而不知归者邪？"）

认识人生是一场梦境，而且不必清醒地判断是非、祸福、升沉、荣辱，那么这梦境便是庄子的蝴蝶之梦、李白的天姥之梦。长梧子又说："方其梦也，不知其梦也。梦之中又占其梦焉，觉而后知其梦也。且有大觉而后知其大梦也，而愚者自以为觉，窃窃然知之。"当一个人能处于梦中而又在梦中占梦，可谓大梦，只有大智大觉者知其为大梦，而愚昧的人却自以为清醒，永远不能逃脱人生的烦恼。这里的大觉者把人生视作一场梦中占梦的大梦，可谓"大知闲闲"。

生不若死，视死如归或者是庄子在生死观上将人生如梦的观念推向极致的又一高论。庄子到楚国去，见到一个骷髅，朽然已空，忽而恢复成形，庄子用马鞭敲敲这骷髅，问他："你是贪生怕死失去理性而致此呢，还是国之灭亡，被加诸斧钺？还是你为人不善，怕遗留丑闻给父母妻子，羞愧而死呢？是饥饿受冻致此呢，还是已尽天年而致此？"骷髅不说话，庄子无奈，说完抱骷髅归去，作枕头而眠。夜半，骷髅悠然入梦，说："你的谈吐颇似雄辩家，然我看你的说法，大体是人生的累

五岳寻仙不辞远

赘,而人死了之后,这一切累赘都没有了,你岂欲知死之快乐吗?"庄子说:"是。"骷髅讲:"死了之后,上无国君,下无人臣,也不复有春夏秋冬的事情烦扰,安闲地以天地作春秋,即使能够南面称王,也不会有这样的快乐啊!"庄子不信,说:"我想叫神灵恢复你的人形,还原你的骨肉肌肤,使你与父母妻子、闾里的相识团聚,你愿意如此吗?"骷髅却深深地忧虑,紧皱双眉说:"我哪能抛弃南面为王的快乐而恢复人间的劳苦啊!"(见《庄子·至乐》)骷髅所告诉庄子的是:大块"劳我以生","息我以死"。死,不但不是一种痛苦,而且是一种离形去智的快乐,一种永恒的快乐。

庄子是能体悟这种真正的快乐的,他怀着宁寂而旷远的心境,在大地踽踽而行,不会沉迷于人世间的诡诈,他忘却世俗的功利,大自然在他面前所呈现的生机是何等的美妙,这时他想到不唯真理是无界限的("道未始有封",见《庄子·齐物论》),一个人的灵魂与天地万物又何尝有界限?一切都随从自然的变化吧,大自然无智无识的小生命或许正是我们的导师呢?庄子和惠施游于濠梁之上,看到清泉涓涓,儵鱼贯穿戏嬉,庄子说:"是鱼之乐也。"惠施说:"你不是鱼,何以知道鱼之乐?"庄子说:"你不是我,哪里知道我不知鱼之乐?"惠施说:"我不是你,当然不会知道你,而你又不是鱼,你当然不知鱼之乐了,这不是明摆着的吗?"庄子说:"让我们还是回到原来的问题上吧,你曾说,'你怎么知道鱼之乐',这是你既已知道我知鱼之乐而又问我啊,——至于我,我是在濠水之上知道鱼

惠子有诘

之乐的。"（见《庄子·秋水》）这场辩论固然是十分机智有趣，而问题的深刻意义不在这辩论的本身，在这里表现出一个是能以童心体物，与大自然了无界限的典型的庄子智慧，一个则是不理解天之道，"其犹一蚊一虻之劳者也"（《庄子·天下》）的典型的惠施智慧。惠施的确能言善辩，在濠梁之上，庄子之智虽然超过惠施，然而辩论本身只是打了平手。战国时的名家，根据《庄子·天下》篇，对他们的评价是："饰人之心，易人之意，能胜人之口，不能服人之心。"惠施在濠梁之上正是如此。

庄子的自然社会观

一、顺适天然，反对雕饰

　　一切顺乎自然的事物都是合理的，而且是大美之所在；而一切人为的、雕凿的都违背了自然，且是不美的。庄子看到自然状态的骏骥，在霜雪中鬃毛飞扬，健足踶躅，饥而食草，渴而饮水，兴来时扬蹄腾骧。然而世上出现了相马名士伯乐，他自称"我善治马"，于是"烧之、剔之、刻之、雒之、连之以羁絷，编之以皂栈，马之死者十二三矣。饥之、渴之、驰之、骤之、整之、齐之，前有橛饰之患，而后有鞭策之威，而马之死者已过半矣"（《庄子·马蹄》）。马本是大自然的骄子，它英俊飒爽，春风闻马嘶，风入四蹄轻，它生活得自由自在，何用伯乐辈的雕凿、羁束。同样，治陶的能工和治木的巧匠，使陶土中规中矩，使木头中钩应绳，也都是违背粘土和树木的本性的，而治理天下的人又何尝不是如此！

　　只有顺适天然的本性，才能做到不滞于物。物质世界是瞬息万变的，当人们想用自己的意志强加于客观世界时，那么，你立刻会看到生命的凋零和死亡。庄子所理想的大自然应该

長者不為多餘
短者不為不足
是故鳧脛雖短
續之則憂
鶴脛雖長
斷之則悲
故性長非所斷
性短非所續
無所去憂也
文見駢拇篇嵗次
北冲樓範曾

长者不为多余

是浑然和谐的，没有相互的残杀。在雕陵的栗树林里，庄子曾拿着弹弓想射杀怪鹊，而怪鹊却正想吞食螳螂，螳螂则正扑向蝉，庄子从这一掠杀的链条中感悟到这里所有的生命其实都是"见利而忘其真"（《庄子·山木》）的，失去了本原的天真。栗树林的体验使庄子整整三天食不甘味，庄子的自然理想和社会理想现在受到来自自然和社会的回击，连他自己也会违背理想去捕杀怪鹊，这是一种何等深刻的悲哀! 理想与现实相悖，理想与行为相悖，这是古往今来无数悲剧的原因。

即使你不想残害自然的生灵，以自己的所爱强加于大自然，大自然也会因为你违背它的本性和规律而大为不悦，以它的凋亡和它的报复来回答你。庄子提出了"以鸟养养鸟"而不"以己养养鸟"的原则。他说昔日有只海鸟飞到鲁国的郊外，鲁君很喜欢它，以宗庙的"太牢"盛宴来喂养它，奏九韶之乐以欢娱它。而海鸟却忧思悲哀地看着，不进饮食。庄子说，应该让海鸟栖息于深林，浮游于江湖，回归它天然的本性。

在庄子心目之中，自然的存在是一种不待矫饰的真性，圆者不靠规的划定，方者不依矩的测量，相互粘附者不靠胶和漆，事物的连接不以绳索的捆缚，"故天下诱然皆生而不知其所以生，同焉皆得而不知其所以得"（《庄子·骈拇》）。天地万物的生长与所得，来自天然的大道，而不是来自人为的强加的意志。庄子举出短腿的野鸭，你不能使其长，而长腿的仙鹤，你不能使其短，否则它们都会忧虑和痛苦。这虽是两千三百年前庄子的名言，但人类至今总自恃智慧的力量，克隆术的发展

鱼不可脱于渊

已造出了六条腿的鸡,这种可怕的"间间小知",恐怕会创造出一个不合逻辑的、可憎恶的世界,受到各国法律、伦理和道德界人士的起而反对。因为克隆术的发展,将彻底动摇人类和天生万物存在的基石,万类的失序,则是灭亡的先兆。人类的责任是在20世纪的最后日月深刻反省:由于"间间小知"违拗了多少自然的规律,败坏了多少自然的法则,必须使自己和自然的"闲闲大知"相协调,那么我们才有希望在未来的21世纪缔造一个花团锦簇的地球,让一个充满了危机和仇杀的世界变成一个和睦的村落,这已是当务之急的事。人类如果继续一意孤行下去,那么我们不仅会遭到大自然的无情报复,而且人类将会毁于自身的创造。原子弹和氢弹将是人类的终极创造,当这种创造大行其是的时候,地球将会在几分钟之内变成荒芜丑陋的沙砾和不毛之地。

二、绝智弃圣，纯任天性

庄子的希望还不止于此，在他看来一切文明的演进都是人类对大自然的背弃，他是一位彻底的反对智巧和文明的哲人。因为在他看来，一切人类的罪孽来源于心智的开发，他希望人们的心智不开，回到混沌的状态。他说："故绝圣弃知，大盗乃止；摘玉毁珠，小盗不起；焚符破玺，而民朴鄙；掊斗折衡，而民不争；殚残天下之圣法，而民始可与论议。擢乱六律，铄绝竽瑟，塞瞽旷之耳，而天下始人含其聪矣；灭文章，散五采，胶离朱之目，而天下始人含其明矣；毁绝钩绳而弃规矩，攦工倕之指，而天下始人有其巧矣。故曰：'大巧若拙。'削曾、史之行，钳杨、墨之口，攘弃仁义，而天下之德始玄同矣。"（《庄子·胠箧》）这是一篇彻底的反文明的宣言，照庄子的看法，人类无限制的欲望，来自社会的凡圣分野、愚智有别，来源于物质的昌盛、贸易的兴起。必须把音乐家师旷的耳朵堵塞，人类的听觉才能回归自然；将明察秋毫的离朱的双目胶住，人类的视觉才能回归自然；将能工巧匠工倕的指头折断，人类原本的智巧才得以恢复；消灭曾参、史鳅的行迹，钳住杨朱、墨子的辩口，把圣贤推重的仁义抛弃，那么天下的德行才能更归齐一。总之，一切人类心智的、社会的进步所带给人类的是自然真性的沦丧，因庄子对此深恶痛绝，必须彻底砍除之、消灭之而后快。这时的庄子言词激烈、夸张，目的是非极而言之不足以振聋发聩，他的思维足以成为警世之言。

庄子向往着结绳记事、陋居简室、粗服淡饭、风俗淳厚的远古，那时的人生静穆和谐。然而文明的昌盛，鸟网、弓弩、弋箭使飞鸟惶恐；钓饵、渔网、鱼笼使游鱼遁逃；木栅、兽栏、兽网使群兽乱窜；人们为追逐功名离乡背亲，奔走于道。统治者不遵从大道，于是伪诈猖披，诡辩盛行，天下昏昏大乱，世界不复美好。"上悖日月之明，下烁山川之精，中堕四时之施，惴耎之虫，肖翘之物，莫不失其性。"（《庄子·胠箧》）连小虫蛾蝶都失却了本性，这智巧之为害，可谓深重至钜了。

庄子的理想境界是在无知、无欲的时代，人们都有共同的天地大德，过着耕而食织、而衣的返璞归真的生活。山上没有道路，水中没有舟帆。圣人的仁、义、礼、乐都是由于背离齐一的自然，天下才有了分崩离析。庄子认为牺尊残了纯朴、圭璋毁了白玉、仁义废了道德、礼乐离了性情，总之在庄子看来一切人为的礼仪、文学、艺术都破坏了天然的大美。庄子闭目神思，那天籁不胜过了那钟声鼓乐？那落霞彩虹不胜过了那画栋雕梁？那舞于庭的八佾，不过是违背性情的作态。而天地间曼妙的舞姿却是天鹅的飞翔、蝴蝶的起舞、游鱼的嬉戏。他希望"万物群生，连属其乡；禽兽成群，草木遂长"（《庄子·马蹄》），人与自然和谐相处，而人与人之间"一而不党"，有着同样的德行而不偏私，纯任自然的天性，庄子名之为"天放"。庄子大声疾呼：那上古的淳朴，都是有了圣人的仁义才毁残殆尽，圣人的罪过何其深重！

绝圣弃智，返璞归真，这是庄子思想中的核心。那么统治者最好一切都顺应自然，保持人类的本真之性，这种无为而治的社会理想，庄子书中称作"在宥"，意思是自在而宽容。真正的治理天下的人应如何呢？庄子书中都以十分浪漫的笔法作描述，没有详尽的治国平天下的大略章法，只有一种高华的意态，一种忘情形骸、离神去智的清气弥漫于这种人的身内。有一个名叫天根的人在蓼水之上遇到一位飘飘欲仙的人——无名人，天根问无名人如何治理天下，无名人说："请不要用鄙俗的问题来烦扰我宁寂的心情，我正准备与造物者为侣，乘莽眇清虚，到六极之外，而游于一无所有的所在，居住于旷远无垠的地方。"无名人正欲远走，又告诉天根："汝游心于淡，合气于漠，顺物自然而无容私焉，而天下治矣。"（《庄子·应帝王》）这淡漠、自然、无私恐怕是庄子对治理天下的最简约而崇高的标准。

庄子以天和地为例，说明他无为的思想："天无为以之清，地无为以之宁，故两无为相合，万物皆化。"（《庄子·至乐》）苍天是何等的清澈，大地是何等的宁寂，这两者的契合，天覆地载，万物滋生。庄子的无为思想，当然包含着无不为的追求，然而庄子不是如老子那样为策略的要求而不为，在庄子那里"无为"本身是自在之物，"无不为"也是自在之物，不包含一种阴柔的计谋在内，这是老庄的根本区别所在。

庄子"无为"的本质是什么？没有一位哲人比庄子更透彻地看淡人生。在战国时代的纷扰中，庄子只愿苟全性命于乱世，他对诸子之学，尤其对儒家的贬斥，来源于自身的孤高，不愿俯仰于世，不欲作权贵的役从，这表现了他内心真正的骄傲。他希望自己彻底的无为，绝无功名利禄之心，更无虚矫奢华之念。人们所汲汲以求的，庄子都视为愚昧可笑、低俗可鄙。他以为人能淡泊一世，无求无欲地保其天年，保持本真的天性是最大的幸福、人间的至乐。在《庄子•人间世》中有一位匠人叫石的到齐国去，至曲辕，看到一棵大栎树，其高直上，凌于山巅，其荫可遮蔽数千头牛，匠人看都不看它。弟子问匠人如此奇木，何不一顾？匠人说这栎树是："散木也，以为舟则沉，以为棺椁则速腐，以为器则速毁，以为门户则液樠，以为柱则蠹。是不材之木也，无所可用，故能若是之寿。"这天夜里，栎树来到匠人的梦中，告诉匠人："予求无所可用久矣，几死，乃今得之，为予大用。使予也而有用，且得有此大也邪？"栎树以为，无用就是它最大的用处，这最大的用处就是延年益寿。然而，说到底，庄子对此亦不是像后世的求长生不老的道家末流般孜孜以求，连生死都看作齐一，那寿夭更是如此，否则庄子妻子死去，他会鼓盆而歌吗？纵然庄子能彻悟生死，生不足恋，死不足惜，但庄子知道生之快乐，乃是万类的本性，否则在濠梁之上，庄子又何以知鱼之乐？庄子的思维是水中涟漪，天上云光，把握是不太容易的，然而它却成了古典哲学的源头活水。对于灵动的事物的把握，必须用灵动的方法。《庄子》譬如我们读到庄子的另一则故事，便会对他无用足以永年的说法提出质疑，其实这质疑是庄子诱发你提出的：庄子游于山林，见大木蔽天，伐木者却不去砍伐它，问其故，伐木者说此木"无所可用"，庄子说："此木以不材得终其天年。"庄子从山里出来，在朋友家住宿，友人杀雁设酒作食，友人之子问道："雁有一只会叫，有一只不会叫，先杀哪一只？"友人说："杀不能鸣者。"弟子问庄子道："昨日山中之木以不材得终其天年，今主人之雁，以不材死，先生将作何解释啊？"

庄子知道，自己的思维不是一则故事可以说清的，于是托古哲借先贤以为重言，寄万物倚天地以为寓言，顺自然恣性情以为卮言。对《庄子》的每一命题，你都必须同样抱着庄子式的不滞于物的态度去对待。庄子知道后人必然的困惑，对一个问题他反复申述、纵横剖析、正反展示，这样犹有不足，他便会拿出具天地大德、容古今升沉的"自然"来化解一切问题。人类的困惑、痛苦、计较、得失、取予……都是由于生也倒悬，思也倒悬，头朝地脚朝上。庄子的使命是使人重新复归其头在上脚在下的自然状态，或者回归大造的起始。无用的大树和不鸣的雁，都是由于无用，一得终其天年，一则被杀，这悖论并未动摇庄子的无为之说，因为庄子之说是比浅显的寓言深刻得多的哲理。庄子说自己"将处乎材与不材之间"。他认为人之所以为物所累（包括对生、死的过分重视），原因是不能自处于自然万物的初始阶段，如龙之翔游、蛇之蛰状，它们不偏滞于物："与时俱化，而无肯专为。"一切"以和为量"。宇宙自然的大和是唯一的标准，在那杳渺的初始阶段，你能驱遣外物而不为外物所驱遣，那就是有巢、神农的法则，这就是"道德之乡"。庄子哲学中，道德之乡就是无何有之乡，就是无极之野，就是无穷之门，质言之就是自然。处于这样的状态，这"材"和"不材"的分别也不是最重要的，它们消融在更广大无为的自然之中，所以庄子之"处乎材与不材之间"，就为自然状态的进取和退缩作了铺垫，也为庄子自己的处世哲学留有了余地，为行藏在我的人生态度作了最好的哲学的解释。

三、终极追求，回归本根

保持天地之大德，纯任自然之大美，庄子对一切人为的机巧或者说文明的进步都抱着本能的抵制态度。因为在庄子看来，这些进步越来越背离大道，人性的异化是一切邪恶的根源。

《庄子·天地》中讲到子贡在汉水边遇到一位老丈，正在菜园里劳作，抱着水瓮浇地，用力甚大而收效甚微。子贡告诉他现在已发明了桔槔，提水宛若抽水，滔滔乎不绝，何必像你如此劳苦。老丈说：机械之出现在于机巧，机巧又使人机变，机变在胸，则心灵不复纯净空明，那就不能全神专一，大道无法在这种心灵里留驻。老丈说这桔槔："吾非不知，羞而不为也。"使用先进的生产工具，在老丈看来是羞莫大焉。子贡大为羞赧，见孔子，述及此，孔子告诉子贡那是行浑沌氏主张的人，他们"明白入素，无为复朴，体性抱神"，知道什么是"素"，复归于"朴"，体悟天真的本性，驻留自然的精神，你是不会理

子贡劝农

解他的。庄子书中之重言，多以孔子之口批儒家之术，又以孔子之口自惭形秽，以推重庄子之学和老子之说，所以庄子是一位不检点形骸的哲人，他的"谬悠之说"、"荒唐之言"、"无端崖之辞"，目的都是将论说推向极致，否则无以使人惊骇而觉醒。

于是庄子认为苟天下人都能保持着天然的本纯之性，又不改变天然的形态，那么治理天下便是多余的。尧治理天下使百姓欣喜若狂，夏桀暴虐无行使百姓痛苦忧伤，这都使百姓不能宁寂。贤哲和盗贼的出现都是由于破坏了原本的真性。"天地有大美而不言，四时有明法而不议，万物有成理而不说。圣人者，原天地之美而达万物之理，是故至人无为，大圣不作，观于天地之谓也"（《庄子·知北游》）。顺应自然而无所作为，不随意行动，这就是圣人的本分。自然变化不居，不会陈腐，四时运转，各得其序。大道是什么？"惛然若亡而存，油然不形而神，万物畜而不知。此之谓本根，可以观于天矣"（《庄子·知北游》）。那混沌蒙昧之中若隐者忽焉若现；那欣欣向荣的生机却了无形迹，其神宛在；万物不期然而然地被养育而生息，这就是"本根"啊！"本根"——宇宙大道，万物原始，大德所在，大美所由，这就是庄子哲学的终极追求！

对这大道的体悟纯属灵智领域的事，那是如清风行天、流水注地一样的自然，不假言辞辩说，一旦书诸文字，形于言表，即着尘秽，陷入迷障。庄子说，人们总想着疏导万物兼济天下，以为这样就接近了混沌的宇宙本体，其实，"若是者，迷惑于宇宙，形累不知太初"（《庄子·列御寇》）。那怀有大德的"至人"则不是如此，他们的精神回归宇宙太初，那是空无所有的幻域，那生命宛若清澈的流水消失于无形，它的波光却在太清中闪烁。这是凭观感无法觉察而凭灵智却可感悟的境界，那是庄子心目中的宁寂、自然而无为的境界。

在《庄子》中提到一位至人，南伯子綦，他隐几忘言、形容枯槁、心若死灰，谈到自己体悟道的过程，他虽曾是岩穴高士，然而名声在外，自己也难免张扬，他反省之后，知道他虽悲叹芸芸众生的迷乱失却真性，然而他这悲人者亦可悲叹，进言之，这悲叹悲人者，难道不可悲吗？当悲叹悲叹悲人者的修炼步步推进，那时南伯子綦去尘嚣日以远，心亦日以宁，直到"心固可使若死灰"（《庄子·徐无鬼》）。这儿"心若死灰"一词极言心灵的宁寂，意思与"心如止水"一样，不复为外物所动，那是一片再无躁动的沉寂。《知北游》又记述了齧缺向被衣问道的故事，被衣告诉他：全神专一，收敛心智，那么天地精神便会为你驻留，"德将为汝美，道将为汝居"（《庄子·知北游》）。玄德大道将是何等的美奂，它将留在你的心头。齧缺听未及半已经睡着，被衣大为高兴，唱着歌飘然而去："形若枯骸，心若死灰，真其实知，不以故自持。媒媒晦晦，无心而不可与谋。彼何人哉！"和南伯子綦一样的形容枯槁若死灰，一样的返归朴质的本真之性，深瞑而无心计，昏暗而不能与之谋，这是何等奇妙而博大的人生啊！离开了这种状态的一切人为的举措和思维，都属于"小识伤德，小行伤道"，都是"丧己

庄子

于物，失性于俗"(《庄子·缮性》)的倒悬之人。在庄子看来，这种失却人类本性的历史由来已久："自三代以下者，天下莫不以物易其性矣。小人则以身殉利，士则以身殉名，大夫则以身殉家，圣人则以身殉天下。故此数子者，事业不同，名声异号，其于伤性以身为殉，一也。"《庄子·骈拇》篇中为说明殉身失性举两个例子：臧与谷两个家奴为主人放羊，臧读书简而谷则玩骰以游，两个人都把羊丢失了，他们行为虽异而失去羊群则一。庄子又举为耻食周粟而饿死首阳山的伯夷和为谋私利而死于东陵山的盗跖两例，以为他们"所死不同，其于残生伤性均也"。在庄子看来，伯夷和盗跖在失去人的本真之性上完全没有区别，这就是君子和小人的齐一，为仁义而殉身和为逐利而死的齐一。

《庄子》中虽也曾引用《老子》小国寡民，邻国相望，鸡犬之声相闻，民至老死不相往来的社会理想，然而庄子所真正希望的回归浑朴的古代，乃是与禽兽同居，与万物并生的浑然不知所待、噩然无所欲求、昏然罔知所在、晦然迷其所向的人与自然齐一、无封无隔的状态，无须礼乐的教化，无须仁义的匡济。在那至乐的园林中，人们"含哺而熙，鼓腹而游"(《庄子·马蹄》)，口含美食追逐嬉戏，不知羞涩地挺着肚皮于山林游弋，何其快哉。啊，这就是上古之世赫胥氏的王国吧！

庄子斥儒

——儒庄斗争之本质：伪与真

    庄子书对儒家的批判是十分尖锐而激烈的。其中重言、卮言、寓言叠出，纵横捭阖其文，可以说是宇宙观、人生观之大较量。读之，未必深信；思之，知其有理。

    庄子的宇宙观，是身居环之中枢，观察体悟。体悟玄德大道的无穷之门，体悟无所始的无何有之乡和无封无隔的大自然。而庄子的人生观则是尢所待的与自然齐一、万物齐一，是养生、保生、全生、尽年，是彻底的无为、无用、无功、无名。因之，若论中国历史上彻底的反儒学派，应是庄子学派，不留情面，体无完肤，鞭辟入里，淋漓尽致。庄子是一个有着浓厚的艺术气质的人，他的放言有的近乎肆无忌惮，使人想起他蓬头垢面、粗衣布鞋、言忘意得的状貌，也许这是他苟活于乱世、不求闻达于诸侯的生活艺术，但归根结蒂，这是他完整的人生哲学。两千三百年来，他的人生哲学影响至深至钜，尤其对中国文艺的发展，有着不可估量的功绩。

    《庄子·人间世》中记载楚国的狂人隐士接舆见到孔子说，方今春秋乱世，人们不会趋福避祸，连似乎怀有道德的孔子也到楚国这衰败之地，他劝孔子对社会不必"临人以德"，以道德去降临人间；不必"画地而趋"，划出一条道路让人去走。在庄子看来，世道已然沉沦，孔子的理想，是无法挽狂澜于既倒的，这是庄子对孔子的一段比较客气的批评。这儿所讲的孔子之德不是庄子的天地大德，而指仁义而言。

　　《庄子·德充符》中借被砍脚趾的叔山无趾见孔子的一段对话来批判孔子："夫天无不覆，地无不载，吾以夫子为天地，安知夫子之犹若是也。"孔子则表现出见善如不及的谦恭，愿意听取他的批评。无趾将见到孔子的情形告诉老子，老子讲：你何不把死生齐一、"可"与"不可"齐一的道理告诉他呢？无趾说："天刑之，安可解？"这是苍天对孔子的惩罚，是无可解脱的。这则故事的意思是孔子不具备天地的大德，虽谦谦如也，也无法知道万物齐一的大道。

　　《庄子·大宗师》以重言借孔子之口称赞孟孙才，孟孙才是一位悟生死齐一的人，母亲死了，哭而无泪，居丧不哀，孔子说，这才是一位觉醒的人啊，而我们则如做梦一般，不曾觉醒。因为孟孙才"不知所以生，不知所以死"，具生死齐一的观念："且方将化，恶知不化哉？方将不化，恶知已化哉？"又具这顺应自然变化、稍纵不居的意识。因此孔子认为孟孙才"安排而去化，乃入于寥天一"——安于自然的秩序，忘却生死之大限，所以他可以与天地宇宙齐一，到达那宁寂的虚空之中。

　　在《庄子》中，连孔子也自认为是被苍天所惩罚的罪人，在《大宗师》中记载了一则子贡被嘲的故事。子桑户死了以后，他的两位好友孟子反、子琴张却编曲歌唱："而已反其真，而我犹为人猗。"（你已返璞归真，我却依旧形骸，犹存为人）子贡大惊，问他们："临尸而歌，礼乎？"这两人却嘲笑真正不懂礼的是子贡。子贡回去问孔子，孔子告诉子贡，他们是与宇宙造物者为侣，游于天地浑元之气的人，"忘其肝胆"、"遗其耳目"，把身内身外的痛赘抛却，"芒然彷徨乎尘垢之外，逍遥乎无为之业"。人们在世俗的尘嚣之外无目的地彷徨，在了无一物的境界中作逍遥游，他们是不会以世俗的礼仪去炫人耳目的。庄子书中在批儒家的时候，往往用孔子自己的话语，孔子在《庄子》书中是一个被嘲弄者、被训斥者，同时又是一位自责者、自非者，不像惠施，总是作为论辩的对手而存在。

《庄子·渔父》中载孔子在鲁国受到两次冷遇，在卫国被削掉足迹，在宋国坐荫之树被斫，又被困于陈、蔡之间，这四次大的坎坷，使孔子罔知所遭。于是，他问道于一位高士渔父。渔父告诉他，就是由于他不能"慎守其真"，失去了浑朴的纯真。

鱼之乐

庄子以为"圣人不死，大盗不止"。所有人类物质和精神文明的演化，都相应地有窃取者出现，譬如以仁义来矫正时弊，那仁义也同时被人窃取。因为在"彼窃钩者诛，窃国者为诸侯"（《庄子·胠箧》）的社会，仁义最后还是归为侯门，这正是窃者的侯门。田成子杀了齐君，夺取了齐国的政权，连同其"圣智之法"一同盗走，窃国者不正是窃仁义者吗？如果能够砸毁珠玉，那小盗不会再有；焚符破玺，百姓就朴质无华；把斗秤折断，百姓就不会争斗；把天下的所谓圣法毁掉，老百姓才能自由议论；把乱耳的五音、迷目的五色都灭绝，人们才能耳聪目明。在"仁义"施于天下的时候，天下善人少而坏人多，所以圣人利于天下者少而害于天下者多。庄子说今天天下大乱，被杀的相枕，被枷锁者相推，被酷刑者相望，我疑惑这"圣智"之人正是那手铐脚镣上连接左右的插木，而"仁义"正是那枷锁上的孔穴和榫头，那圣贤如曾参和史鰌正是夏桀和盗跖的先导。"噫，甚矣哉，其无愧而不知耻也甚矣"（《庄子·在宥》）！庄子论及至此可谓捶胸顿足，怨怒之极。所以绝智弃圣，在庄子看来乃是返璞归真的必要前提。

在那杳远的上古之世，人类结巢而居，含哺鼓腹，未尝觉得仁义之神圣、礼法之必需，那时人类与草木同生，与禽兽混处，不需要圣人"临人以德"，教导人们应该怎样，不应该怎样；也不需贤君"画地而趋"，教导人们哪条路该走，哪条路不该走。在那时，人类生活于太始状态，没有机巧，因此没有伪善；大道运行，芒乎何之，忽乎何适，人们随大化生养

窃贼

繁衍，如刍如狗，因此没有仁义对社会的侵害。那时人们没有"礼"，只有"真"，"礼"是大道既废，世俗所约定的、违背人类本性的怪物，而只有抛却这个怪物，人类才能承受上天给予的"真"。（《庄子·渔父》："礼者，世俗之所为也；真者，所以受于天也。"）

庄子认为尧舜历史性的罪过在于忘记了宇宙初始的本真齐一，妄自辨明善和恶、贤和不肖，那必然导致天下的大乱。尧舜对事物的过分辨明，就像"简发而栉"、"数米而炊"，选择头发来梳妆，点着米粒来炊煮，这种小动作除去违背大道而外，是不足以济世的。相反的，举擢了贤能，人民必然相互倾轧；任用了智巧，人民就会相互盗窃；甚至会出现"子有杀父、臣有杀君"的惨剧，庄子已预卜这仇恨的发展后果不堪设想，"大乱之本，必生于尧舜之间"，"千世之后，其必有人与人相食者也"（《庄子·庚桑楚》）。这是庄子对先王的基本评价。

不唯如此，孔子竟然要法先王，更为庄子所不能容忍，说这不正如捕捉到猿猴给他披上周公的衣服，又如东施效颦，丑妇作态，"彼知颦美而不知颦之所以美"（《庄子·天运》）。美人即使心口作痛而皱眉，不失本真，所以依旧娟美，而丑妇之作态则伪貌毕现，胡云乎美?庄子将舟车比周与鲁，而水陆比古与今，古时的周用舟于水上行走，今日之鲁则用车行于陆地，苟"推舟于陆"，那非但"劳而无功"，亦且"身必有殃"。这是庄子对法先王的彻底否定。前段论述，先王已是大乱之本，而此段论述即使先王不是大乱之本，即使有西施之美，依循他的

玄古有赫胥氏者

法则，也绝对行不通。

　　"毁道德以为仁义，圣人之过也"（《庄子·马蹄》）。这里庄子所说的道德是天地的大道至德，仁义则为大道废除后世俗所为的伪善。"圣人"（庄子书中的"圣人"二字大多用作贬义）费尽移山心力，"蹩躠（艰行）为仁，踶跂（难举）为义"，天下的疑惑惶恐由之而生；"澶漫（恣纵）为乐，摘僻（繁琐）为礼"，天下的分歧对立亦相应而出，这就是圣人仁义礼乐所可能带给社会的灾难。"县企仁义以慰天下之心……此亦圣人之过也"，圣人如此地败坏了社会淳朴的风气，损伤了人类天赋的本真，而还厚颜无耻地高悬仁义的大旗来慰藉天下人心，更是罪莫大焉。《庄子·盗跖》历来被视为庄子之徒的作品，然而这亦不妨碍这是一篇浩瀚瑰丽的雄文，也可以作为庄子思想的一面明镜，这篇文章和庄子内篇的文风是完全不同的，庄子之文浑然丰厚，博大精深，"善属书离辞，指事类情，用剽剥儒、墨"

（《史记》）。庄子自以为处于环中，把握天倪，辨析宇宙、人生、社会和历史，皆以恣纵不傥之辞出之。因为在他看来，天下混浊，正不必正襟危坐，端庄论述。（《庄子·天下》："以天下为沈浊，不可与庄语。"）因之，庄子之文"虽瑰玮而连犿（连缀宛转）无伤也"，其辞"虽参差而諔诡（奇异）可观"，那是一种宛转雄奇的文风，非"一曲之才"的"妄窜奇说"所可梦见，这是"一点浩然气，千里快哉风"的情态自由，而不是拘执于逻辑的理性自由。《盗跖》一文则直抒胸臆，鞭辟入里，高谈阔论，如入无人之境，足使饾饤小儒望而生畏，闻而遁逃。这种文风在战国至前汉之策论家的文中可见，所以《盗跖》为后之高手伪托无疑。

《庄子》书中对儒家之批判比比皆是，内篇《人间世》接舆之讽孔、《德充符》叔山无趾之批孔、《大宗师》子贡之被嘲，其他如外篇之《骈拇》《马蹄》《胠箧》《在宥》，杂篇之《庚桑楚》《列御寇》《徐无鬼》，对儒家可谓竭尽怒骂贬损嘲讽之能事，而如《盗跖》之指事直陈、痛快淋漓，则《马蹄》得其仿佛。

《盗跖》篇中塑造了两个典型的人物，一个是多辞谬说、摇唇鼓舌的巧伪人孔丘，一个是"心如泉涌、意如飘风"的盗跖。文章从孔子与盗跖之兄柳下惠的对话开始，孔子以为盗跖横行天下，侵暴诸侯，柳下惠为"世之才士"却不能教导其弟，"丘窃为先生羞之"，意欲代柳下惠去见盗跖。而知弟莫若兄，柳下惠则力劝不能去见，因为盗跖不是等闲之辈："强足以拒敌，辩足以饰非"，是顺者昌逆者亡的角色，"先生必无

百年之木破為犧尊青
而文之其斷在溝中比犧
尊於溝中之斷則美惡有
間矣其於失性一也跖與曾史
行義有間矣然失性均也

莊子天地語 丙申范曾

庄子天地句

往"。孔子不听柳下惠的劝告，还是去了。

盗跖这时正在解甲休息，脍脯人肝，孔子则表现出一副伪而诈的姿态，先是下车而前，继之趋进，避席反走，再拜盗跖，种种作为并没有引起盗跖的好感，而是对这位"作言造语，妄称文武……不耕而食，不织而衣，摇唇鼓舌，擅生是非"的巧伪人下逐客令。孔子被臭骂而无愠色，反而对盗跖有一番肉麻的吹捧，称盗跖具美貌、博学、勇悍三德，歌颂他"身长八尺二寸，面目有光，唇如激丹，齿如齐贝，音中黄钟"，以为他可以南面称王。继之孔子又诱以诸侯之尊，十万户之邑，数百里之城，然而这所有的阿谀和诱惑却引发出盗跖如暴风骤雨般劈头盖脸的训斥——盗跖说，在有巢、神农之时，"民知其母，不知其父，与麋鹿共处，耕而食，织而衣，无有相害之心"，这是天地大德鼎隆之世。但是黄帝以后，世风日下，他与蚩尤战于涿鹿之野，流血百里，及至尧舜、汤武，皆属"乱人之徒"。而你孔子却"矫言伪行，以迷惑天下之主，而欲求富贵焉，盗莫大于子。天下何故不谓子为盗丘，而乃谓我为盗跖"（《庄子·盗跖》）？盗跖剥去孔子儒者伪善的外衣，还他"大盗"的本来面目。

接着盗跖历数孔子为推行文武之道、游说诸侯四处碰壁的狼狈相，再逐于鲁，削迹于卫，穷于齐，围于陈、蔡，"不容身于天下"。而孔子的大弟子子路欲杀卫君而事不成，被剁为肉酱于卫东门之上，是"子教子路菹此患"。

盗跖谈锋一转，再论历代圣人贤臣：黄帝没有天地大德，故战蚩尤于涿鹿之野，流血百里。尧不慈、舜不孝、禹半身不遂、汤放逐其君主、武王讨伐商纣、周文王被关于羑里，这些人都违背了真情性，其行不但不足称而"甚可羞也"。

而世上所谓的贤士如伯夷、叔齐、鲍焦、申徒狄、介子推、尾生等六人，重名节而轻生死，终是违背人类的本真而不顾念天年之人。而世上所谓的忠臣如沉江的伍子胥、剖心的比干，其愚忠"卒为天下笑"，又何足贵呢？

盗跖托辞雄健，单刀直入，且步步紧逼，孔丘几无还手余地。孔丘之谀词媚态，被驳得体无完肤。盗跖最后总言之，你孔丘如欲告我以鬼事，我不能知，告我以人事，则我懂得比你清楚，"今吾告子以人之情，目欲视色，耳欲听声，口欲察味，志气欲盈"，而人的寿数有限，最多不过百年，除去病痛死丧忧患，其中能开口而笑的一月之中不过四五日而已，天地无穷而人生有限，宛若骐骥之过隙，如果一个人不能使自己愉悦，养其天年，那他就不能被视作通道的人。

盗跖说："丘之所言，皆吾之所弃也。"快快滚蛋吧，你的道狂悖失性，蝇营狗苟，皆是奸诈虚伪的行为，完全违背天然，不能全其真，还有什么可和你谈的！

孔子仓惶出走，执辔三失，面如死灰，见到柳下惠，自己承认这次被斥而归是"无病而自灸"，而与盗跖之见面亦宛若拔虎须，差一点掉入虎口。

我之所以不厌其烦地引述《庄子·盗跖》的故事，因这则故事十分切中肯綮，而庄子反儒的基本内容亦包揽无遗。在庄子看来，儒家的仁义礼乐都是违背人性之天然本真的，所以必带有虚伪性和欺骗性，而儒家的文艺之道的终极目的则是为了自己的荣华富贵、高官厚禄。自黄帝、尧舜以下的所谓圣人，他们辨明善与恶、贤与不肖导致天下的大乱，而法先王的孔子不仅自己与其弟子四处碰壁、被赶逐、被围困，甚至被菹醢，而他的学说本身便是违背历史法则的，这些便是庄子批儒的大要。

在庄子看来，孔子与盗跖齐一，没有区别，指的是他们都违背了人的本性，而盗跖批孔，实则是用一件违背了人类本真天性的事物去批判另一件违背人类本真天性的事物。其实他们是一回事。正如《庄子·在宥》篇中所云圣人曾参、史鰌不过是夏桀、盗跖的先导。《盗跖》篇中用盗跖之口称："孔子为盗丘。"这里脍脯人肝的跖并不是否认自己为盗，只是他认为社会之评价不公，孔子是比自己更大的盗。以庄子行文的取向看，两坏取其轻，显然他对盗跖还有一定程度的欣赏的成分，而对孔子则通过盗跖之口，称其"罪大极重"，是无可救药的了。

盗跖在《庄子》中是作为一个审美对象存在着的，他美貌豪纵、恣肆不羁，而又才思敏捷、能言善辩，与那表面谦恭而心怀叵测的孔子，不可同年而语。庄子正是通过孔子和盗跖两个典型人物来阐发了他善恶齐一、美丑齐一的基本观念的。

春秋战国之世，周室衰微益亟，诸侯争霸，正游说者之秋。庄子对孔子的游说固有极尖锐的讽刺，而在《列御寇》篇中更把这样的儒者游说之士讽为舐痔者。宋国有名曹商者，为宋王出使秦国，得车数辆，至秦，秦王又赠车百辆，曹商回到宋国后，向庄子炫耀，讲自己处于穷闾陋巷，艰困潦倒，是我的短处，而一旦使万乘的国君醒悟，我便得车百辆，是我的长处。庄子嗤之以鼻，讲：秦王有病召来医生，能破溃其疮疖的人得车一辆，能舐痔者得车五辆，愈往下，得车愈多，你难道是给秦王舐痔的人吗？何以你能得到这样多的车辆。庄子对侍奉君王以求富贵的人是何等的鄙弃！

在庄子看来，儒家无论如何游说谋划，如何的奔走钻营，其学说术业日见式微，已是历史的必然。《庄子·田子方》篇中讲到庄子见鲁哀公的故事，鲁哀公讲：鲁国多儒士，很少有研究先生之学说的。庄子讲：其实鲁国的儒生很少。哀公讲："举鲁国而儒服，何谓少乎？"庄子讲：我听说，儒士戴圆帽的知天时，穿方鞋的知地形，带玉玦的善断事理。其实，真正有道的君子，并不一定穿这些衣服；穿这些衣服的，未必知其道。如果你不相信，你可以宣布一条命令：凡不知"道"而穿这种衣服的，就是死罪。鲁哀公的命令下达五天之后，鲁国没有敢穿儒服的人。只有一个男子穿儒服立于鲁哀公宫门之外，哀公问以国事，对应滔滔，无所不知。庄子讲：鲁国至今只有一位儒者，怎么能讲"鲁多儒士"呢？

庄子为我们描述了儒术失落的萧条惨淡的景象，庄子对儒家的批判，是釜底抽薪式的整体性摧毁。它不像后世如王充之"问孔"、"刺孟"式枝枝节节的驳斥。庄子对儒家的体系发难，以其自身的博大恢宏，居高临下地对待诸子，剽剥多有而

哀公錦之五日
而魯國無敢
儒服者獨有
一丈夫儒服立於
公門公召之而
問以國事千轉
萬變而不窮莊
子曰以魯國而儒
者一人耳煥辰范曾

鲁国而儒者一人

决不轻许，受伤害最大的当然是儒家。然而庄子是否想到了儒术在汉代以后大行其是，逐渐成了诸子独尊的一家，而百家罢黜，为统治者所不取的，其中也包括庄子之学。

庄子斥儒——儒庄斗争之本质：伪与真

庄子的无待之境

一、天地有大道至德

庄子是一位大彻大悟者，他修炼道术的终极目的是彻底的无所追求，他希望于人类的应是忘却一切附于身外之物，诸如功名利禄、荣华富贵，忘却一切窃据于身心之内的喜怒哀乐、贪嗔痴怨，舍弃一切仁义的桎梏、礼乐的束缚。既没有福，胡云乎祸；既不见祸，又何来福?庄子告诉人们"道固不小行，德固不小识"、"小识伤德，小行伤道"（《庄子·缮性》）。大道至德，必然伴着真识伟行，这真识伟行不是治国平天下，不是包举宇内，并吞八荒，而是无所待的宁寂坐忘，而是"动不知所为，行不知所之，身若槁木之枝而心若死灰"（《庄子·庚桑楚》）的状态。

无待，宇宙之大，日月之明，星辰之众，皆顺其自然；天体的运行、万物的化育亦皆随其大化。无待，一切都无所依恃、无所追逐、无所期求。天地的大美，无须言说；四时的代序，毋庸议论；万物生灭，何须置喙。古来圣贤的本分是认识天地的大美、万物的至理，无为而治，不应妄加意志于造化。

（《庄子·知北游》："天地有大美而不言，四时有明法而不议，万物有成理而不说。圣人者，原天地之美而达万物之理，是故至人无为，大圣不作。"）

无待，一切都不属于你，包括你的身体形骸、你的生命、你的子孙。生死是件大事，然而在庄子看来，人生天地之间，若白驹之过隙，生命勃然而起，又悄焉而亡，生不足恋，死不足悲。死，反倒是大解脱。（《庄子·知北游》："解其天弢，堕其天袭。"）这些都无须去哀叹、悲悯，不如塞耳不听，任其自然，不用辩说。

庄子所谓的大道至德，乃是达到一种无所不容的和谐，庄子之徒借用儒家之辞称为"仁"；达到无所不适的顺应，庄子之徒借用儒家之辞称为"义"。这儿的仁义，全然和儒家的仁义有着本质的不同，儒家凭仁义以别善恶，而视善恶齐一的庄子，则讲仁义只是和谐与顺应。庄子认为天下之所以大乱，便是对仁、义、忠、乐、礼的偏执，这是自黄帝、尧舜以来带给人间的灾难。

庄子心目中的伟岸巨大的宗师、有情有信的宗师、无为无形的宗师便是自然，便是道，那是无待的自在之物，是前文提到的"可传而不可受，可得而不可见；自本自根，未有天地，自古以固存；神鬼神帝，生天生地；在太极之先而不为高，在六极之下而不为深，先天地生而不为久，长于上古而不为老"（《庄子·大宗师》）的不可名状的宇宙本体或法则本根，对于它的休悟便是修炼庄子之学的内容。

二、修炼的境界："撄宁"、"坐忘"

什么是庄子的修炼养身之道呢？曰清纯、曰宁寂、曰浑一、曰以恬养智、曰以智养恬、曰虚空、曰无为。庄子所谓的真人、至人，都能达到完全清纯而无渣滓的心境，静寂持守而无所作为的胸怀，精神与宇宙本体浑然为一，这时就能排除世俗尘嚣的干扰，以恬静调养心智，而此心智不是人类的机巧，因此这与宇宙同体的心智又反过来调养恬静的襟抱。"一心定而王天下"，指不为外物所动的心灵，反可以囊括天地万物。这样以虚静而推于天地、通于万物的境界，庄子称之为"天乐"，这是至博至大的、彻里彻外的解脱。庄子道术的修炼，实在是很难论及其方法与步骤的，在《庄子》书中，也只能"以卮言为曼衍"来描述、来形象。

在《庄子·大宗师》中通过南伯子葵向女偊问道，女偊创造了"撄宁"一词来说明修炼的极致。南伯子葵问女偊，你为何如此高寿而又容如孩提呢？女偊说："我得道了。"女偊告诉他：道是不可以学的，然而你只需宁寂持守，三天之后便可以遗忘天下，七天之后可以遗忘万物，九天之后便可以遗忘自己。当你遗忘了自己(当然包括了生之欢乐、死之悲哀和一切欲求)时，那你就会看到初上的朝暾，清新光亮，你便进入了无所待的境界，既无所待，你就超越了时空、超越了生死，这就是"撄宁"之境。《庄子·庚桑楚》中曾提及这"撄"字："不以人物利害相撄。"作扰缠、干扰讲，"撄宁"的意思是安抚

女偶

烦乱和不安以达到彻底宁寂。

女偶又提出了几个假拟人来说明得道的过程。他们其中有玄冥(虚寂幽远)、参寥(高远寂寥)和疑始(迷惘太初)，这道的虚拟人物不正藏于无端之纪、游于无何有之乡吗？

然而，无端之纪，无何有之乡，本是无形无为的同义词，你又如何到达呢?果真女偶的方法是唯一的吗?庄子的恣纵不傥之词，你是不可以过执听信的，他忽而又说，其实真正的修炼甚至不必有这些过程，"夫水之于汋(涌出)也，无为而才自然矣；至人之于德也，不修而物不能离焉。若天之自高，地之自厚，日月之自明，夫何修焉"(《庄子·田子方》)。显然，庄子决不是那种陷于我执而不可自拔的邪教的提倡人，他需要的是人人在宁寂清纯中与天地大道的邂逅合一。后世之修炼庄学者，也许就是陶潜之俦——"结庐在人境，而无车马喧"的隐者，就像《庄子·则阳》篇中的市南宜僚一样："其声销，其志无穷；其口虽言，其心未尝言。方且与世违而心不屑与之俱，是陆沈者也。"这"陆沈者"便是在世俗中隐遁的高士。一个能做到"撄宁"的人，富贵与贫贱都不能使之心动，一切都是自然所予，暂时寄寓于你，外物之来不必阻止，外物之去亦不可挡拦，所以富贵不致骄纵，贫贱不致沉沦，同样会感到快乐，而谈不上忧愁。（《庄子·缮性》："寄之，其来不可圉，其去不可止。故不为轩冕肆志，不为穷约趋俗，其乐彼与此同，故无忧而已矣。"）

庄子再进一步阐述"道"，便是无言之教了。或者说，悟道者根本无法阐述、不须阐述，不阐述的阐述，则是庄子布道的极致。"夫知者不言，言者不知，故圣人行不言之教"。真正为道的人必须削尽虚华伪饰，削尽之后再削尽，才能达致无为的境界，前文提到的"为道者日损"即是。

现在，我们可以很透彻地了解庄子之学的修炼，乃是心灵升华的过程，能彻底地悟到世间所有事物的齐一，无论富贵与贫贱，腐朽与神奇，乃至于生和死都无所区别，那你就真正游心于宇宙之初、万物之始，那就达到了心灵的真正宁寂，像初生的婴儿那样清纯而质朴。

庄子借重言以发挥他的玄冥之论，同时提出了"坐忘"的修炼之术。颜回对孔子说，我忘却仁义、礼乐了，孔子以为还不够，过几天颜回讲，我"坐忘"了。孔子问什么叫"坐忘"？颜回说："堕肢体，黜聪明，离形去智，同于大道，此谓'坐忘'。"那就是颜回真正超脱于人间世俗的一切，骨肉之躯已然毁坏，眼不复明、耳不复聪、形销骨立、摒除智慧、回归到宇宙万物的本初，这"坐忘"二字和禅宗的"顿悟"，可谓如出一辙。

我们现在大体可概言庄子之学修炼的全部内容：

由"坐忘"宇宙人世的一切，而达于"无待"之境，在清纯宁寂之中回归宇宙的本初，削尽虚华伪饰，以"撄宁"的怀抱，邂逅大宗师——自然，而且和它融而为一，这时的"心如死灰"乃是一片和谐冲融的"天乐"，这是一种无法言说的、一见诸文字即入我执的境界，有这样的境界，那就庶几不愧庄子所说的至人、化人、真人了。

归根结蒂，庄子重视的是生命本身（不是畏生怖死的重视），重视生命的自然随化，重视它能真正解脱倒悬之苦。它把生命比作"隋侯之珠"，而把一切的身外之物，譬如高官厚禄，视为微不足道的燕雀。不值得以生命这无价之宝去追逐一文不值的东西："今世俗之君子，多危身弃生以殉物，岂不悲哉……以隋侯之珠弹千仞之雀，世必笑之。是何也?则其所用者重而所要者轻也。夫生者，岂特隋侯之重哉！"（《庄子·让王》）

庄子是重视生命的，问题是如何重视。他重视的是回归自然的生命，不为外物所拘的生命，这样的生命，岂是隋侯之珠可以比量的吗？

不以隋侯之珠弹千仞之雀

艺术从失落到复活

一、艺术家与庄子的对话

读了《庄子》，你以为再也不闻美妙的音乐了吗？啊，君试听曾子在卫国的歌吟——商颂。曾子，他清贫，"缊袍无表"；他饥馁，"颜色肿哙"；他劳苦，"手足胼胝"；他三天不见炊烟，十年不制新衣；他帽带脱落，捉襟见肘，纳屦踵决，然而他引吭高歌"商颂"，"声满天地，若出金石"（《庄子·让王》）。那是洪亮的、清澈的、坚实的、有力的大自然金石撞击的天籁，那是可以弥于六合的博大恢弘的伟大音响，然而发出这声调的曾子，他的生命并不重要，他会自然而生，也会自然而死。君再听一听那咸池之乐吧，庄子在《天运》篇中描述了咸池之乐的三种境界：起先惶惶不安，这乐章"四时迭起，万物循生"，人事、天理、道德、自然杂沓而至，连蛰伏的虫豸也被惊雷震醒，这是一种可危可惧的境界；其次的乐章是"奏之以阴阳之和，烛之以日月之明"的"变化齐一"的演奏，这音乐使"鬼神守其幽"，使"日月星辰行其纪"，这是看不见、摸不着、无法追逐的音乐，你的惶惶亦会随之平息；那么最后的乐章，

曾子曳縦而歌商頌

就是忘情忘我的"无怠之声"，宛若林木的孔窍发出了美妙的天籁，一会儿杳然无踪，一会儿勃然兴起，它在大自然里行流散徙，变动不居。这充盈于天地、包裹着六合的音乐，便是自然本身，这时你会处于一种迷惑不解的境界。你由迷惑不解而达于无知无识，无知无识的状态则近乎道，这时才达到"道可载而与之俱"的体道合一之境。

《庄子》书最后还是在艺术的失落中找寻到真正的艺术，它由惶恐而平静，由平静而痴愚的在艺术境界递变演进，深宜艺术家体悟。庄子不容许些微的矫造和伪态来玷污这天籁。当你迷惑不解的时候，正是你摆脱了"小知间间"的状态，进入了"大知闲闲"的天国。那震撼人心的贝多芬的生命交响乐，使灵魂震悸颤栗，那还是咸池之乐的第一乐章呢。伟哉！庄子，你博大的思维，是足以使中外古今的艺术家五体投地，匍匐称臣的！

显然，庄子追求的是一种没有经过人为破坏的天地淳和之美，一种纯真不加矫饰的自然之美。而一切人为之美如绘画、音乐，都是对无差异、无彼此的大道的分崩离析。心神离散的结果是追逐，追逐的结果是有所得，而这种在艺术上所得的，无异于艺术本身的死亡。

前文曾提及庄子说，有一个"天门"，万事万物生死出入所必由，万事万物的生死出入都在无垠的空间、无限的时间中了无形迹地进行，这就是"有"。"天门者，无有也"，而万事万物则出自这"无有"，而"圣人藏乎是"（《庄子·庚

桑楚》）。当艺术家在心灵上接近这无有的天门时，也就接近
了宇宙本体，这天门或许正是心灵本身，这就接近了艺术的本
质。然而，大多数的艺术家，是无法接近这天门的，因为他们
的心灵里被鄙俗所充塞，天下人也大多大惑不解，他们愿意听
的是庸俗的音乐，他们的耳朵对高雅的音乐本能地拒绝："大声
不入于里耳，《折杨》《皇荂》，则嗑然而笑。"（《庄子·天
地》）庄子说有一个丑陋的人"夜半生其子，遽取火而视之，汲
汲然惟恐其似己也"（《庄子·天地》）。而艺术界不少人恐怕
连这丑陋的人都不如，他们哪里知道自己的丑陋，更不知道他
们产生的艺术竟和他们一样的丑陋，甚至竭尽全力展示这样的
丑陋。

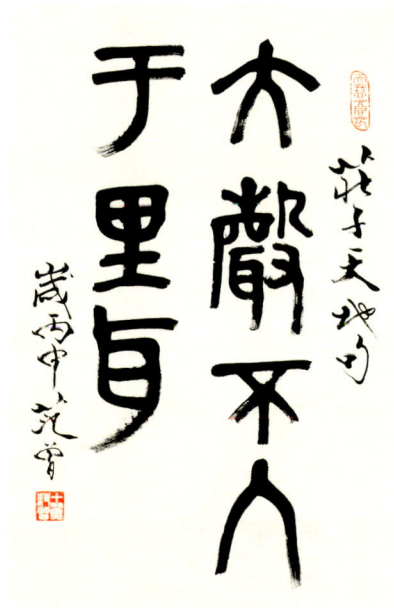

庄子天地句

也许庄子本人便是艺术的化身，我们在《庄子》一书中看到了一些具有庄子色彩的真人，他们"同乎无知，其德不离；同乎无欲，是谓素朴"（《庄子·马蹄》）。那时没有"蹩躠为仁，踶跂为义"的圣人。礼乐因圣人而出，这不是庄子所希望的。但是庄子也不赞成墨子"歌而非歌，哭而非哭，乐而非乐"这种"使人忧，使人悲"（《庄子·天下》）的苦行主义。庄子和生于"无有"之乡的人们懂得歌、哭、音乐，在庄子的鼓盆而歌、曾子的曳縰而吟和咸池之乐中，我们难道感受不到一种回归自然的快慰，聆听不到一种不可言喻的天地妙籁吗？我们应该忘记庄子那种抨击艺术的"谬悠之说"、"荒唐之言"，去体悟庄子学说的深意。庄子《外物》篇所谓："筌者所以在鱼，得鱼而忘筌；蹄者所以在兔，得兔而忘蹄；言者所以在意，得意而忘言。吾安得夫忘言之人而与之言哉！"我们能忘却庄子的言谈，得到其思维的真髓，那我们才有资格与庄子对话。

我们不妨再一谈石涛，石涛在明末清初画坛上的出现，是中国美术史上的突兀奇峰。他的《画语录》精神内核是与庄子之学相通的。他在《一画章第一》中说："太古无法，太朴不散；太朴一散，而法立矣。法立于何？立于一画。一画者，众有之本，万象之根。""立一画之法者，盖以无法生有法，以有法贯众法也。""盖自太朴散而一画之法立矣，一画之法立而万物著矣。"在庄子看来，太朴不散之境便是"无有"之境，无彼此，无相偶，无差别，就不会有"法"，所以石涛所谓"法立矣"，是产生于太朴既散，事物有彼此、有相偶、有差别的时候。然而石涛从有"法"又进一步引申出"无法"的观念，即所谓"至人无法，非无法也，无法而法，乃为至法"。这"至人"就大有庄子的意味了。真正的法，是"无法"、是"至法"。石涛的"一画"，既是"众有之本"、"万象之根"，那么"一画"就是宇宙本体的精神，"一画"是根本大法，这大法是一切艺术技巧之源，这大法是"至人"所掌握的"至法"，是谙合自然根本规律的法则，是"无法而法"。

一旦艺术家能透彻地了解这"无法而法"，那就到达了"用无不神而法无不贯也；理无不入而态无不尽也。信手一挥，山川人物、鸟兽草木、池榭楼台，取形用势，写生揣摩，运情摹景，显露隐含，人不见其画之成，画不违其心之用"的化境，这就是前面提及的唐代张璪作画的境界。苏东坡赞文与可之画竹："如是而生，如是而死，如是而挛拳瘠蹙，如是而条大遂茂；根茎节叶，牙角脉缕，千变万化，未始相袭而各当其处，合于天造，厌于人意，盖达士之所寓也欤？"也是这样的境界。

当一个艺术家胸有挂碍，为名缰利索、世人观感所羁索的时候，心灵上已是被刑戮着，试问他怎么可能得鱼而忘筌、得兔而忘蹄、得意而忘言呢？我们不妨把"筌"、"蹄"、"言"当作是有法的境界，把"鱼"、"兔"和"意"当作是"无法"的境界，一切艺术的语言、法则、技巧都是为艺术的意蕴、境界、韵味等等所用的，当技巧结束的时候，艺术才开始，这是不争的至理名言。当一幅名画、一首名曲、一幕名剧来到你眼前的时候，你百感交集、忧乐沓至，你所忘记的一定是它们语言的本身，而得到的是心灵上的感动。这几乎可以作为判断艺术优劣的不二准绳。一个杂技演员所呈现的是技巧本身的美妙绝伦，而一个卓绝的舞蹈家则是绝对能使你忘记她的技巧，而被那深刻的意蕴所感动。

当你观赏李苦禅先生和潘天寿先生的作品时，前者使你更贴近宇宙本体，而后者则使你更惊叹用笔构图，这是这两位花鸟画大师的甲乙之辨。我不后悔曾把潘天寿比作华山，华山很容易使人联想到奇险，而险并非中国画的最高境界；我更欣赏自己曾把恩师苦禅比作泰山，泰山则雍容丰厚、淳和静寂，不愧为五岳之尊。李苦禅作品的天然浑朴和他的为人是一致的，在他的面前，你是会感到"逍遥"、"苟简"、"素朴"等等庄子所推重的境界的。他的艺术纯良亲和，来自宇宙本身，他没有声色俱厉地告诉读者"我是某"，而读者却知道他是"天地大美"；潘天寿的画则深拒固守，仰之弥高，近之不能。

二、警世危言、终极忧思

地球生命的演进和人类历史的发展，并不能尽如人意。庄子所理想的人类与鸟兽草木同处、含哺而嬉、鼓腹而游的时代或许只存在于庄子所构造的幻域。事实上人类文明演进的结果是使地球进一步成为食肉者的乐园，而仅有的几块净土也快丧失了。澳洲土著本来生活于一片冲融而恬淡的世界里，那里没有豺狼虎豹，没有·只食肉兽，那奔走于草原的生命，百分

螳螂捕蝉　黄雀在后

之六十是有袋的哺乳类，它们随身携带着一个温馨的家园，而那温良的考拉咀嚼着带酒的树叶，在太阳下醉意地酣睡着。现在那草原上奔突着成群食肉的凶残的野狗，那是欧洲人殖民的帆船带来家犬的后裔，子又生孙、孙又生子的结果。倘若豺狼引进澳洲，不消百十年，那里草原的和睦一定会被最终破坏殆尽。文明的前进伴随着智巧的衍生，鼓动着欲望的膨胀，导致了几千年延绵不断的大大小小的战争，而战争则必然是对人类灵魂的大污染。我们还可以在世界上找寻到一些地方，那里几百年没有过战争，必然的，那里盗贼不起、夜不闭户而人情淳朴、宅心仁厚，譬如北欧的丹麦。然而无隙不入的电视网络，使丹麦无法回避人文的污染，本来静如止水的人心开始泛动着浑浊的波纹，那里青年的自杀率日益提高着，正如中国民谚所谓的"寿星老吃砒霜——活得不耐烦了"，因为电视告诉他（她）们，外面有一个五光十色的世界，那里是生动有趣的、富于刺激的，至于宁静和安逸则是一种应解脱的痛苦。人类畸形的心态，于今为烈。在21世纪已来临的时候，世界群体性盲动该结束了，这盲动包含着科技的无限制的发展，物欲的深潭大壑的继续纵深扩张。人类的理智力量已微弱到奄奄待毙的地步，电视则助纣为虐，它在引导人类成为真正的碧眼金睛的食肉兽。看那上下颚突出、目光凶顽的拳击师们，他们在文明运动规则的遮羞布下，发扬着原始的兽性，当泰森咬下霍利菲尔德耳朵的那一瞬间，全世界的兴奋大于震怒，美国的巧克力商未失时机地推出新型的残缺耳朵的糖块，号称"世纪之咬"。啊！人类，你已沉沦到快不可救药了！

三、被理解和被误解的庄子

文明和反文明，启智和弃智构成了人类历史的相悖相成的对立统一，这两者的总和或者比较接近世界发展、宇宙运转的本体。在庄子的眼里，再清楚不过地发现了人类"间间小知"的危害，他知道这"小知"抗拒着宇宙的"大知"，破坏了大自然和谐的秩序，破坏了人类自身生活的淳朴。"小知"的开掘甚至危及人类的生存，《庄子·应帝王》中"七窍开而浑沌死"的故事，昭示着人类文明演进可危可惧的前景。

庄子的思维纯属感受型的，他的"弘大而辟，深闳而肆"的言论也是感发式的、了无定则的。庄子之学决非理性的认知和逻辑的推论，它是天才的深层生命意识的体验。庄子有苦闷，但他善于超越，他的"坐忘"是对人世间的绝对的蔑视。

老龙吉

庄子否定一切礼法、准则、尺度，否定世俗的功名利禄，否定一切身外之物，连同自己物质的形骸；一切世俗的、感官的、物欲的、实用的，在庄子看来都不重要。当庄子遨游于无何有之乡的时候，他看到了宇宙的至美，体悟到人生的至乐，归根结蒂，他看到了终极的和谐。在这和谐之前，人为矫造的乱目五色、乱耳五声都是支离的、残缺的和不和谐的。

庄子的自由乃是彻底的情态的自由，他体道合一的境界，"无待"的逍遥，使后来的艺术家们获得了心灵绝对的自由。有心灵的自由才可能有"审美的自由"，也才可能有表现的自由。庄子的体道境界正好为艺术家提供了无与伦比的典范。庄子不但为真正的艺术大师作了榜样，也被游戏于艺术的浪子无赖曲解为他们的楷模。庄子，一位被睿智博雅的艺术家们膜拜的艺术之神；一位被披头散发的嬉皮士们尊崇的荒诞之灵。庄子的被理解和被误解，同样会成为下一世纪思想史的景观。

庄子论道：齐一、无差别、混沌

　　"道"到底是什么?庄子和老子在"道"的论述上的区别是什么?老子虽然说:"道可道,非常道。"然而他却告诉过我们,那"独立而不改,周行而不始,可以为天下母"的混成之物,它是无状之状,无物之象,它其中包含着物质的信息——夷、希、微,宇宙之始乃是由于"冲气以为和",万物负阴而抱阳,有生于无、有无相生。这一系列的论述,表明老子对"道"的产生,有着一种感悟的逻辑。可是庄子则认为,对"道"是完全不需要深致诘问的,他在《知北游》中,借用几个人物来谈"道",以陈明他的观念,其一是老龙吉,他是个很有修养的人,连神农氏都去向他问"道",但他对"道"之所知是"秋毫之端,万分未得处一焉"(《庄子·知北游》),可见所知甚少,连这秋毫之末,万分之一的所知,他都宁愿深藏不露而死去;其二叫无穷,无穷说他对"道"一无所知;其三叫无为,无为说他知道"道",并且知道"道"可尊可卑,可聚可散;其四叫无始,无始说,无穷对"道"不知晓是对的,而无为对"道"知晓是不对的,不知晓就处于"道"中,知晓则必是对"道"的歪曲。无始说:"道不可闻,闻而非也；道不可见，见而非也；道不可言，言而非也。"（《庄子·知北游》）"道无问，问无应"，你既不需要问，它也不需回答，那种傻问傻答的人都不知道"道"，这样的人"外不观乎宇宙，内不知乎大初"（《庄子·知北游》），他们是无法翱翔乎昆仑之上，神游乎太虚之境的。

在庄子看来，对"道"的探讨本身便是多此一举，便是毫无意义的，"道"是不可知的。然而"道"却包含着万有，"六合为巨，未离其内；秋毫为小，待之成体"，而且它瞬息万变，永不停息，它混混沌沌，似无而有，它确乎有神却不见形迹（《庄子·知北游》）。"道"虽不需讨究，但庄子还是为我们描绘了它那不可言说的惚恍之貌，他说："夫道，有情有信，无为无形；可传而不可受，可得而不可见；自本自根，未有天地，自古以固存；神鬼神帝，生天生地。"（《庄子·大宗师》）它是有情的，而且信守不渝；然而它又是无为而不见形迹的，它是亘古以还的自在之物，在天地之前，它便存在，天地鬼神都是它所产生的。因此"道"是何等的伟大，它大不可极；又是何等的悠远，杳不可见。它"在太极之先而不为高，在六极之下而不为深；先天地生而不为久，长于上古而不为老"（《庄子·大宗师》）。

庄子告诉我们，"道"存在于无际无涯的空间和无始无终的时间里，而这无穷的事物，不停的时间，它们的变化无常，开始和终结都是没有原因的，真所谓"以其至小求穷其至大之域，是故迷乱而不能自得也"。人类的慧智微不足道，想穷尽

其理，必致心志迷乱，终无所得。所以庄子有句名言："吾生也有涯，而知也无涯；以有涯随无涯，殆已。"（《庄子·养生主》）

庄子知道无垠的宇宙，不是有限的慧智所可以达到的，因此对于宇宙终极的原因，他总是抱着一种不可知的观念。《庄子·则阳》中提到齐国的两个贤者季真和接子对宇宙终极各执一见的辩说，季真认为万物都是自生自长，不是出于什么主宰意志的产物；接子则认为，万物的生长归根结蒂是有意志支配着的。这两种观点庄子都以为他们陷入了偏颇的我执之中，接子的观点过于实在而季真的观点过于虚无，即使他们的论辩"精至于无伦，大至于不可围"，又无比精审，又浩渺无边，得出了过分质实或者过分虚无的结论，终不免滞于物而有所过。以庄子之见，宇宙乃是无始无终的过程，"吾观之本，其往无穷；吾求之末，其来无止"（《庄子·则阳》）。"道"实在是不假言说而自在，不可言说而自为，凡语言可形容者必入偏执。"道"不可用"有"来概括，而既说"有"了，这"有"也不可用"无"来论述，"道"本来不可具体说出的，即使"道"这词，也还是不得已而名之的，这一点，《庄子》书当然是套袭《老子》书的说法，而老子对"道"，不但详细地说出其终极原因，而且论述"道"生万物的衍生过程。庄子则告诉大家，算了，还是别问下去了："道物之极，言默不足以载；非言非默，议有所极。"（《庄子·则阳》）"道"是宇宙万物的极则，你说或者不说，对"道"都无足以载述，人们的所有辩说都有限得很，言也不是，默也不是，最好是不再去钻这个牛角尖。就像《齐物论》中所说的"六合之外，圣人存而不论"。庄子不仅要封住人们的嘴，甚至认为这种探玄测奥的想法都不是圣人所当有。因为宇宙万有是齐一的，而语言本身的辩说已包含区别，这区别则是根本上与宇宙齐一相悖离的。庄子所希望于圣人的不是你能清楚地说明一个什么问题，包括宇宙本体，而是希望你"德总乎道之所一，而言休乎知之所不知"（《庄子·徐无鬼》）。德总而言之归纳于道的浑一状态，而言语则止乎人类慧智所不可达的浑然不知境界，庄子大概是痛恨巧言令色之辈的，他甚至讲"狗不以善吠为良，人不以善言为贤"，心性顺随自然的人之所以有"不言之辩"的风范，乃是由于他达到了无思无为，最后无求、无失、无弃，这样通达的人何待辩论，何须辩说？

庄子的不需辩说的理论，在《庄子·寓言》之中，还有进一步的论述，庄子说："不言则齐，齐与言不齐，言与齐不齐也，故曰无言。言无言，终身言，未尝言；终身不言，未尝不言。"不说话则与宇宙万物齐一的大道一致，宇宙万物齐一的大道与"辨析"事物的言论不能齐一，言辩与宇宙万物齐一的大道不能齐一，那言也白言，辩也妄作，毫无意义。因此这种言说等于没有言说。终身喋喋不休，却未尝真地说出了什么；而那终身缄口不言的却未尝没有说出大道的真谛。因此只有那隐机忘言的人，才能做到随心所欲，随物而变，非执一守固，"非卮言日出，和以天倪，孰得其久"？卮言者，圆融贯通不以物拘之高论也。这"天倪"便是自然的和谐，只有这样的高论，才能传之久远，也就是圣人的"不言之辩"的真正要旨。

王羲之在《兰亭集序》中曾谈到人的生死，他说："……况修短随化，终期于尽。古人云：'死生亦大矣。'岂不痛哉！"又说："固知一死生为虚诞，齐彭殇为妄作。"这短短的几句话，其实都出自《庄子》的《齐物论》和《德充符》两篇文章。

庄子以为宇宙万物齐一，所以提出"莫寿于殇子，而彭祖为夭"（《庄子·齐物论》）的名言，而且以为死和生都没有区别。他在《德充符》中举一个受刖刑而断足的王骀，成了鲁国的贤人，跟他游学的人很多，几乎和孔子差不多。孔子的弟子常季对孔子说，王骀并不教学和论说，但弟子们都能满载而归，难道果真有所谓"不言之教"吗？为什么他身体残缺而德性能圆满呢？孔子说："死生亦大矣，而不得与之变。虽天地覆坠，亦将不与之遗。"（《庄子·德充符》）这位圣人说死生这样的大事不能使他变化，那么即使天地毁灭，也不会使之丢失而被遗忘。

王羲之虽然不同意庄子死生齐一和彭殇无别的说法，但内心深一层次，对庄子之说则心向往之。在我看来，王羲之正由于自己达不到庄子的思想境界，才会以为兴尽悲来，"向之所欣，俯仰之间，已为陈迹"，如果他真正做到了"一死生"、"齐彭殇"，那么我们也就不会读到《兰亭集序》这篇脍炙人口而又不能逃脱人生我执的千古妙文了，它的妙处就在于对庄子的不理解。对一种学术或言说表现出理解、不理解或反对，那都是这种学术或言说的影响。

《庄子》中论及死生的地方不一而足，他之所以能最潇洒地对待死生，还是基于他齐物论的思想。他认为圣人（或如庄子书中亦称的真人、化人）修炼的终极目标，乃是能在坐忘之中达到心斋宁静，使自己藏于"无端之纪"（天地没有开始的时候），游于"无何有之乡"，真正做到离形去智的忘言之境。人生烦恼的根源在于事物之间的区别，而死和生则是人生的头等大事。对待这个问题的认识倘若没有达到庄子的境界，那么你很难理喻庄子其他方面的论述，正因为此，庄子才一而再、再而三地谈死和生的问题，目的是使人们大解脱，免除那种"倒悬之苦"（把问题整个相颠倒，是谓"倒悬"）。

《庄子》中有一则故事，见于《至乐》篇，大概是庄子之徒的记载："庄子妻死，惠子吊之，庄子则方箕踞鼓盆而歌。"惠子说，你这样做不太过分吗？庄子说："……察其始而本无生，非徒无生也，而本无形；非徒无形也，而本无气。杂乎芒芴之间，变而有气，气变而有形，形变而有生，今又变而之死，是相与为春秋冬夏四时行也。人且偃然寝于巨室，而我噭噭然随而哭之，自以为不通乎命，故止也。"在庄子看来，他的妻子原来便在惚惚恍恍（同篇有"芴乎芒乎，而无有象乎"，即指此种状态）之间，既无气，又无形，更无生。今天之死，正是她又回归自然，形朽气散而去，正如春夏秋冬之嬗递，她今天已安然入寝于天地宇宙的大室之中，我倘若呼天抢地号啕大哭，而真是不通晓于天命，于是我停止了哭泣。

更潇洒的是《庄子·列御寇》中记载的庄子之死："庄子

将死，弟子欲厚葬之。庄子曰：'吾以天地为棺椁，以日月为连璧，星辰为珠玑，万物为赍送。吾葬具岂不备邪?何以加此?'弟子曰：'吾恐乌鸢之食夫子也。'庄子曰：'在上为乌鸢食，在下为蝼蚁食，夺彼与此，何其偏也!'"庄子在此，真可谓既从容而又谐谑，达到辉煌浩漫的境地!日月悬之若璧，星辰列之若珠，万物来陪送，难道我的葬具还不齐备吗，为什么将这些加于我身呢?弟子说，恐怕天上的乌鸢啄食先生。庄子说，倘若加以棺椁埋于地，乌鸢是吃不到了，那下面却给蝼蚁食，你们是夺了乌鸢之食给蝼蚁啊，你们何以偏心如此呢?在庄子看来，形朽神散之后的尸体已非庄子本人，给乌鸢蝼蚁食之，纵身大化正是求之不得呢。一切厚葬的礼仪，都不符合他死生齐一、回归自然的大道。

庄子实在是一个看得太透的人。他抚今追昔，看到那熙熙攘攘的人群，在功名利禄、在仁义理智勇的桎梏之中，备受倒悬之苦，他确乎要神游千仞、精骛八荒，他借子来之口慨然长

叹："夫大块载我以形，劳我以生，佚我以老，息我以死。故善吾生者，乃所以善吾死也。今之大冶铸金，金踊跃曰'我必且为镆铘'，大冶必以为不祥之金。今一犯人之形，而曰'人耳！人耳'，夫造化者必以为不祥之人……今一以天地为大炉，以造化为大冶，恶乎往而不可哉！"（《庄子·大宗师》）大地肩负着我的形骸、劳苦我的生命、闲逸我的迟暮，彻底让我休息以为我的死亡，所以我以生为乐，以死为乐。如果有一位铸金的大匠在冶铸时，金属跳起来讲，我必须成为莫邪那样的名剑，这大匠一定认为这是一块不祥之物。大造化育万物时偶尔有碰着人形的时候，这东西却大呼："我是人，我是人。"大造化者必定以为这是个不祥之徒。今宇宙本体以天地为大熔炉，以造化为冶铸的大匠，有什么地方我不可以去呢？这段话真是神谲奇妙而深奥透辟，这真是庄子为文的神来之笔。

《庄子·天下》篇中称赞庄子之前有关道术的论述："芴漠无形，变化无常，死与生与？天地并与？神明往与？芒乎何之？忽乎何适？万物毕罗，莫足以归，古之道术有在于是者。庄周闻其风而悦之。"而庄子则予以阐述发明："以谬悠之说，荒唐之言，无端崖之辞，时恣纵而不傥，不以觭见之也。以天下为沈浊，不可与庄语；以卮言为曼衍，以重言为真，以寓言为广。独与天地精神往来，而不敖倪于万物，不谴是非，以与世俗处。其书虽瑰玮而连犿无伤也，其辞虽参差而諔诡可观。彼其充实不可以已，上与造物者游，而下与外死生、无终始者为友。其于本也，弘大而辟，深闳而肆；其于宗也，可谓稠适而夫大塊載我以形，勞我以生，佚我以老，息我以死。

莊子大宗師句 丙申范曾

庄子大宗师句

庄生怀惠图

上遂矣。虽然，其应于化而解于物也，其理不竭，其来不蜕，芒乎昧乎，未之尽者。"（《庄子·天下》）这里所指的古之道术，当然是指老聃的学说，他"闻其风而悦之"，他欣赏老子有关"道"的阐述，在行文时也往往引用、阐发，然而他不是老子之徒，首先他决不会同意如后世之称他为"道家"。庄子就是庄子，以他那种"独与天地精神往还"的襟抱，绝无老子以阴柔为进取的深谋远虑和治国安民的大策。庄子沉湎于自己横无际涯的精神境界，他"上与造物者游，而下与外死生、无终始者为友"，在他宁寂的心怀中，那是一片虚冲、一片空茫，人间的一切是非、美丑、尊卑、好恶、高下、寿夭……都不存在，他宛若站立在宇宙造化的"环中"，把握着宇宙均衡的"天倪"。他博大，不唯不嫌弃怪丑之人，而且发现他们的大美真美之所在；他冲和，万类在他看来都齐一不二；他岑辟，"以天下为沈浊，不可与庄语"。同世有惠施者，才情纵横恣肆，庄子对其为人或有鄙视，然而毕竟堪作友侪，甚至庄子之徒尝记载：庄子过惠子墓，对跟从讲，郢地有一位用白灰涂抹了自己的鼻尖的人，一位匠人却能挥斧准确削掉这蚊蝇翅膀大小的白灰点。以灰抹鼻者死，匠人不复能砍削他人鼻上的白灰了。庄子说："自夫子之死也，吾无以为质矣，吾无与言之矣。"（《庄子·徐无鬼》）然而墓中之人，却是当年作梁国宰相而恐庄子觊觎其位的人，庄子当时自比鹓鶵，"非练实不食，非醴泉不饮"，哪里看得上鸱鸟所得之腐鼠?宰相之位，在庄子眼中不过腐鼠耳!今天故人已去，更无如惠子之才，他们辩说的微妙，直如匠人之运斤削灰。庄子的叹息，在我看来，真是他平生所感到的少数几件悲哀的事之一。连死生都能齐一的人，难道悲哀与欢乐不能齐一?唉!毕竟庄子还是一个活生生的人。哲学上的追求是一回事，而在现实中庄子也会有悲欢怨嗔，人在本质上是多元的。

　　庄子用自己超凡绝俗的思维为战乱频仍的战国之世，创造出一个情态自由的天地，一个纯粹是属于灵智领域的天地。庄子的天才不只是为自己的人生和溷浊的世界划清了界限，也以他所向无空阔的气势，为徘徊迷途的人们寻觅着远离痛苦的道路，而这条道路并不在迷茫的远方，它铺在你的脚下。然而人们总不轻易迈开一步踏上去，或许根本不用踏上去，你的思维只要一旦插上那鲲鹏的垂天之翼，一片逍遥的天地就在眼前。

　　庄子在《逍遥游》中为人们讲述了一个故事：肩吾向连叔讲，接舆此人好为狂言，不合情理。连叔问肩吾，到底接舆说了些什么?肩吾讲接舆说:"藐姑射之山,有神人居焉,肌肤若冰雪,绰约若处子,不食五谷,吸风饮露,乘云气,御飞龙,而游乎四海之外。其神凝,使物不疵疠而年谷熟。"连叔听毕却讽刺肩吾是一个弱智者,与瞀、聋等形骸上的残障相比,更加可怕。连叔以为这藐姑射之山上的神人是一个"将磅礴万物以为一"、"物莫之伤"、"大浸稽天而不溺,大旱金石流、土山焦而不热"的真人,以这样伟大的真人所剩下的尘垢糠秕就可以去陶铸尧舜这些圣人了。在庄子心目中,一切圣贤的治国都是多余的,只有像藐姑射神人一般将德行与万事万物混同一起,才能达到无言之教,达到民安物阜、五谷丰登的境界。

藐姑射之山的神人,便是庄子所理想的真人。达到这真人的修养,庄子在《人间世》中提出"心斋"这一命题,以论述修炼的精旨。庄子用一则"重言"借孔子之口训导颜回:"斋戒清心。"这仅仅是世俗祭祀所为,而非"心斋",教他"若一志,无听之以耳而听之以心,无听之以心而听之以气。听止于耳,心止于符。气也者,虚而待物者也。唯道集虚。虚者,心斋也"。这里借孔子所阐明的是:一个人只有凝寂静虚,才能超越感官的藩篱("听止于耳"指聆外音仅达于耳;"心止于符",指心的感应,则达到与外界相谐合),而达到一种空灵博大之境,这虚空之中涵包着宇宙的大道,这样的完全寂静而空明的心境,叫做"心斋"。达到"心斋"的关键在于"气"的存在,这"气"就是那种能包容万有的虚涵,或者说这虚涵就是大道的本体。"气"在庄子书中是一种富有博大哲理的存在，这不是一般的物质性的存在，而是灵智领域的幻化物。

有了这样虚空的心怀，庄子以为方可以"体道"。真正"体道"之人，与宇宙达到浑然一体。这样的人"大知闲闲"、"大言炎炎"（《庄子·齐物论》），潇疏散淡而雄谈阔论，光焰照人。在《齐物论》中提到一位真人南郭子綦，他隐然忘机，甚至忘记了自己，这时他才体悟到天籁的妙义，天籁就是那天然自在之音，没有任何的发动者。当一个体道之人忘记自己的时候，就宛如天籁一般，超越自身内外的羁索，回归自然，"天地与我并生，万物与我为一"（《庄子·齐物论》）。

庄子知道自己所倡导的逍遥之境是不容易为世俗所接受的，因为这逍遥的境界原是如此的宏阔，"芒然彷徨乎尘垢之外，逍遥乎无为之业"（《庄子·大宗师》）。那《逍遥游》中的鲲鹏，不啻是庄子的化身："鲲之大，不知其几千里也；化而为鸟，其名为鹏。鹏之背，不知其几千里也；怒而飞，其翼若垂天之云。"《逍遥游》中嘲笑鲲鹏的蜩与学鸠是不能理解鲲鹏的博大雄阔的："小知不及大知，小年不及大年，奚以知其然也？朝菌不知晦朔，蟪蛄不知春秋，此小年也。楚之南有冥灵者，以五百岁为春，五百岁为秋；上古有大椿者，以八千岁为春，八千岁为秋。而彭祖乃今以久特闻，众人匹之，不亦悲乎？"庄子深信自己的学说将比上古的大椿生命更加久长，他可怜世人眼光的浅短，把活了八百岁的彭祖，作为生命的极限，其实在庄子看来，这八百岁的生命与朝菌、蟪蛄一样的短暂，只有具备博大而空明的"心斋"，才得以真正永恒地"逍遥"。庄子之文的挑战性是开门见山的，他的挑战不是疾言厉色的辩说，而是恢宏谐谑的寓言。

是非、善恶、寿夭本属区别之大者，得失、大小、长短、美丑应属区别之小者，这些区别在庄子眼中都不复存在，都在"齐一"这一哲学命题下化为乌有，天地万物都"无封"——无阻隔、无界限。我们人类认识的局限来自对时空的执着，一切都以特定的时间和特定的空间严格地限制和约束来判断，那必然是"小知间间"（《庄子·齐物论》）、细审深察、巨细不遗，结果则去宇宙本体的精神益远。庄子以为一切事物恒变不居，曾不能以一瞬，认识对象只应大而化之，一切都是相对的，只有变化是绝对的："夫物，量无穷，时无止，分无常，终始无故。"（《庄子·秋水》）物质的无穷尽、时间的无始末、得失的无常规、始末的无定因使具大智的人能永远居高临下地看待问题，超然物表、外于世界，那么一切生之欢乐、死之悲哀，得之雀跃、失之彷徨都是自作多情，而多情却被无情恼，宇宙还在运转，天籁依旧自鸣，以有限的生命去追逐无限的宇宙，宜其陷入迷途："以其至小，求穷其至大之域，是故迷乱而不能自得也。"（《庄子·秋水》）

庄子授予我们一副混沌的眼镜、一双迷离的醉眼、一种难得糊涂的生命境界和自保天年的生存艺术。因为过分的清晰，结果是"小知间间"，患得患失；过分清晰，也许遭到生命的危殆。庄子在《应帝王》中为我们讲述了一则寓言："南海之帝为儵，北海之帝为忽，中央之帝为浑沌。儵与忽时相与遇于浑沌之地，浑沌待之甚善。儵与忽谋报浑沌之德，曰：'人皆有七窍以视听食息，此独无有，尝试凿之。'日凿一窍，七日而浑沌死。"这则故事对人们的启发应该是深刻的。

中国历代诗人中的浪漫派、诗论中的境界说，于其情感升腾、迷不知所向的时候，都和庄子在冥冥之中邂逅，如果没有庄子，就不会有谢灵运、陶渊明和苏东坡，此说当不为过，举例以证之：庄子在《德充符》中有一段文字：孔子称赞鲁国的一个被砍掉一只脚的圣人王骀，说他能远天地、忘生死，不随物化而自守宗旨，根本的原因是他对宇宙万物抱着"齐一"的混沌的态度，故能做到"自其异者视之，肝胆楚越也；自其同者视之，万物皆一也。夫若然者，且不知耳目之所宜，而游心乎德之和"。这里的"耳目之所宜"指局限于时空的"间间小知"，而"德之和"则指超越了时空，万物齐一的"闲闲大知"。苏东坡是深会此义的，在"清风徐来、水波不兴"的明月之夜，当他和黄庭坚、佛印游于赤壁之下的时候，人们很自然地发出"哀吾生之须臾，羡长江之无穷"的咏叹，然而苏东坡很快地用庄子的齐一说化解了人间的烦恼，他问那位感时伤世的朋友："客亦知夫水与月乎？逝者如斯，而未尝往也；盈虚者如彼，而卒莫消长也。盖将自其变者而观之，则天地曾不能以一瞬；自其不变者而观之，则物与我皆无尽也——而又何羡乎？这和上面引述的《德充符》的一段文章如出一辙。只有当艺术家从时空的我执之中解脱，才能达到忘生死、忘是非、物我交合、物我俱化的大化之境，这种乘物游心而忘其身的精神是艺术家接近宇宙大美的前提，那时才能"入无穷之门，以游无极之野。吾与日月参光，吾与天地为常"（《庄子·在宥》）。苏东坡不正是在庄子这种哲学的感召下，才能淡视自己宦海的沉浮，才能摆脱一己的痛苦，而凭虚御风、遗世独立的吗？

"无穷之门"何在？在你体道得悟、万物齐一的心灵里，在那虚涵凝寂的宇宙本体；或质言之，在庄子书所谓的"气"之中。"无极之野"何在？当你插上逍遥游的鲲鹏之翅，"抟扶摇而上者九万里"的时候，当你远离世俗的野马尘埃，你的眼前是"天之苍苍"（《庄子·逍遥游》），一片湛蓝、一片明净。这儿，你不知道什么是痛苦、什么是快乐，不知道生之足爱、死之足哀，也许这就是永恒。

百川归海说庄子

现在，我们可以对庄子的思想作一个简短的概括。

人类对宇宙本体的认识，是一个永远无可穷极的范畴。与其以管窥天，以锥划地，以有涯的生命追逐无涯的宇宙，不如"圣人存而不论"。庄子的不可知论源于自身的信心，这信心来自他心灵深处对道的体验，来自他博大的混沌的生命意识。

在庄子看来，儒墨皆一曲之才，他们的一切辩论都是妄窜奇说，他们对事物或规律那穷究深诘的结果是去宇宙本体——"道"益远，以至小而求至大，殆矣。

当庄子摒弃了"间间小知"的有限视野之后，"闲闲大知"使他能厕身于大道的机枢，这时，"齐一"的"天放"之思，成为庄子贴近宇宙本源的心灵之桥。宇宙万物的寿夭、古今、前后、短长、善恶，都是有了人类的"小知"之后才辨析解离的，而宇宙万物是处于一种恬然自化的和谐境域。此正《庄子·马蹄》所谓的"一而不党，命曰天放"，大自然的万物，开始和结束都是处于这种循环均齐的状态，如同一个圆形，身处环中观察则万物虽以不同形态相禅联化……（天均）。

无差别、无是非，这是庄子的心灵达于和谐混沌之境的不二法门。《庄子·齐物论》："是以圣人和之以是非，而休乎天钧。"是非呈前，圣人的使命是认定这是非的无须辨析性和这些是非本身的循环性，即"彼亦一是非，此亦一是非"。自然万物的差异性，庄子称作"天倪"，而圣人的使命，不是明析其"天倪"，而是"和之以天倪"。

让自然和社会都处于一种天放、天钧的状态，让天倪自然的分际归于天和(这里天倪和天钧是一个意思，都是自然的和平之气)。那么人为的礼乐仁义还需要吗?那种严格的等级、纲常还需要吗?所以人类的大乱始于尧舜。他们的行为完全是多余的，宛如胡乱地毁坏垣墙而种植杂草蓬蒿，择发而梳、数米而炊，如此"窃窃乎又何足以济世哉"!庄子对儒家治理国家的举措可谓深恶痛绝，他认为推举贤才，人民则相互伤害，任用智能，则人民的伪诈涌现，于是杀父弑君，白日为盗，这种流毒还将无穷尽地延绵下去，"千世之后，其必有人与人相食者也"(《庄子·庚桑楚》)。庄子之书对儒家的批判已到了咬牙切齿、无以复加的地步。

庄子同时反对人类的一切智巧发明，以为这些都是人类道德沉沦、伪诈滋生的渊薮，他要砸烂一切玉器珠宝、符记玺印、斗斛秤杆;毁尽天下圣人之法，毁折乐器、消除纹饰;毁坏一切的准绳尺度。庄子认为这些都足以使人类丧失其本真之性，这就是失去"天真"。"真者，所以受于天也，自然不可易也，故圣人法天贵真，不拘于俗"(《庄子·渔父》)。受于天的"真"，一旦失去，人类的罪恶便会开始。

基于对"真"的理解，它的同义词便是庄子书中的假拟人名"浑沌"（《庄子·应帝王》）、"无为"（《庄子·知北游》）、"无穷"（《庄子·知北游》）。对宇宙的"不知晓"，便是处于深奥玄妙的道中，"知晓"则与"道"相背离。庄子以为"道"并不凭修炼，圣人如天之自高，地之自厚，他深藏在"无有"之乡（《庄子·庚桑楚》）。这圣人果真有吗？也许有，也许没有，也许他就是宇宙本身。读庄子书，也必须"以鸟养养鸟"，以庄子之心体验庄子之说，而不能"以人养养鸟"，以自己世俗之心去体验庄子的天真之心。孔子曾说："作《易》者，其有忧患乎？"我们似乎也可以说："作《庄》者，其有忧患乎？"唯有大忧患者，才试图大解脱。庄子在极其痛苦的灾难之中超脱现实，求彻底的宁静和安于理想的境界。而庄子的理想境界不是佛家的西方极乐世界，那儿没有丝竹管弦、没有飞天起舞。那儿是一无所有，没有时间，也没有空间；没有烦恼，也没有快乐；那是方生方死、方出方入的"天门"。天门何在呢，那便是你的心灵，倘若你对名利等身外之物还汲汲以求，"操之则栗，舍之则悲"，那"天门弗开矣"（《庄子·天运》）。封闭的心灵永远得不到"天和"。庄子对"天

宅心无累

真"的追求，实际是他深层生命意识的体验，他知道只有天地存在着不言的大美，而他痛苦的解脱正是这种大美、至美的实现。他深恶人间世俗的一切矫造之美，这种对"道"的体验，移植到美学的领域，则构成了中国传统美学中无论是文论、诗论、画论中的求真返璞，重性灵、重境界，反刻削、反矫造、反堆砌种种理论的源头活水。儒家和庄子在文艺理论上的价值取向，在春秋战国之世已奠定了他们冰炭不容的两极，而儒家的价值标准一向被视为正宗主流，庄子的价值取向则被视为非正宗、非主流。然而，庄子的学说却以他天才的敏悟、曼妙的文采和雄辩的气魄构架起他不朽的文艺殿堂。中国古代的文论，即使非常推重儒家的《文心雕龙》，其最精彩的部分，往往得自庄子。他的"本道根真，文源于道"，这"道"，便指庄子的凌驾于客观事物之上、主宰客观事物的精神本体，在庄子书中称为"天地精神"。六朝诗人中回归自然本真的田园诗人陶潜和山水诗人谢灵运，则开中国文学史之先河。以"真"为美，是庄子美学的核心。直到近代王国维的《人间词话》，其评价的第一标准便是"真"，他对李后主、纳兰性德的激赏，根本还在于此二人有"赤子之心"（评李后主），故能"真切如此"（评纳兰性德）。因为庄子学说给人的首先是心灵的大解脱，大自由。

附录

周耶蝶耶

这里静卧着庄子，他微闭的双眸和上翘的口角，正展示着他欢悦的梦境，他变为栩栩然的蝴蝶。然而豁然梦醒，则化作蘧蘧然的庄周。请问弗洛伊德，他的梦，竟如何？蝴蝶是不是庄周超然的我？

他住在穷乡陋巷，斜阳草树之中，享其天年。布衣芒鞋，鼓盆而歌。他告诉人们什么是"至乐"之所在，什么是烟云过眼，应弃如敝屣的虚华。他谦卑，因为他无所不包的智慧，大如沧海，百川来归，他除去承受，无所欲求；他骄傲，因为他俯仰一世，知道繁华过尽，必为凋零。而人类在名利场驰骛以逐的一切，不过是镜花水月，不足怜惜。他彻底地鄙薄官宦的骄横、憎恨战争的残暴，他本能地拒绝人类的奸诈和虚伪。他啸傲山林、怜花惜草，他淡于名利、请息交以绝游。知道人们的尔虞我诈，不如鱼之相忘于江湖。他自然而生，自然而死，来去都是过程。无生之足恋，何有死之悲哀？无物欲之烦扰，又何来汲汲之所求？他的精神飞翔于溷浊的泥淖之上，不会心为形役。他的生命甘受着清贫的磨难，岂能俯首听命于豪门。宰相之位，他视作腐鼠；"仁义"之学，他詈为"无耻"。还有什么侯王值得他进谏？还有什么高位吸引他驻足？他就是他，一位傲骨铮铮的大哲人，一位忘记了是非曲直、忘记了一切差别的大智者。

庄子之文汪洋恣肆，深闳而辟。它们倏然而至，带来林林总总的自然生命；忽焉而去，留下了空明清远、杳无一物的苍穹。

庄子至今二千三百年过去，他的精神之翅却从那杳远的上古之世飞到今天，那是何等博大而辉煌的垂天之翅。他驱散着人类贪欲和残暴的阴霾，凭借着弥之六合而无所穷极的清冽之气。这精神之翅闪耀着智慧之光，那是来自宇宙本体的不朽灵魂，来自尚不可知的万有之源。庄子的思想是那样深刻地影响着我们这个伟大的民族，成为它生生不息的创造力的启示录。尤其对于中国的诗歌和绘画，庄子是毫无愧色的神祇和教主。他应被供奉于民族艺术的大厦，如缪斯之为西方的诗神，雅典娜之为希腊的文艺之神。

庄子文中深恶痛绝乱耳的五音、迷目的五色，那是由于他以为一切矫情、伪诈、虚假的艺术，都违背了自然的真情和本性。沉溺于五彩和沉溺于声乐，终至使人类蜷曲不伸，精神委顿而淫靡。其实庄子所希冀于艺术的是那种道法自然的境界，他欣赏的是解衣般礴，裸露胴体，忘怀一切荣辱名利而挥毫作画的"真画者"；他更激赏披头散发吟咏《商颂》的曾子，那"声满天地，若出金石"的浩歌，决不是虚假礼仪的乐奏、不是阿谀奉承的赞美，那是天地的大美所在。

梦蝶

用近乎白描的悠闲飘缈的线条画庄子的衣纹，用灵动疏放的墨色写庄子的髯发，把观众带进一个绮丽的、睿智的梦境，而这个梦境，像庄子身下的巨石的色泽，碧透光润，像画面上角的飞蝶，轻盈浮动。梦，不仅是一个富有哲学意味的话题，同样是一个富于文学意味的话题。在庄子书中，梦境不是寻常的，它连接着宇宙鸿蒙的初始、连接着忘却身外的得失祸福，也同样连接着庄子至美、至乐、至人的终极追求，梦境离无穷之门已不遥远。在那儿庄子与天地万物并生。当庄子的形骸或许早已化入幽石穷尘的时候，一只蝴蝶却栩栩而起！

惠子有诘

　　或许是造化有意的安排，公元前370年惠施诞生，越明年，庄子诞生。让这两位思辨的对手差不多同时来到人间。狮虎的对手只可能是犀象，而不可能是狐鼠。同样，思辨需要同量等级的对手，有了伟大的黑格尔、费尔巴哈，才有伟大的马克思，我们几乎可以说有了惠施才有庄子。

　　诘问者惠施，清癯、犀利、雄辩，咄咄逼人；被诘者庄子浑然、博大、宏肆，应对无穷。惠施瘦削，正襟而坐，曾为魏国宰相，固有其位尊而气盛的仪容。面前虽是如此恣纵而不傥的庄子，惠施却毫不让步。庄子微倾其身，这位视相位为腐鼠，甘于澹泊的旷世奇才对这位睿智超群的辩士，显然有"来而不往非礼也"的态度。平日惠施倚着梧桐（《庄子·齐物论》："惠子之据梧。"）雄谈阔论时，所向无空阔的气势，显然在庄子之前，不免因矜持而字斟句酌。惠施和庄子曾有过很多的争论，惠施以为庄子之言"大而无用"（《庄子·逍遥游》），而庄子以为惠施"其言也不中"（《庄子·天下》），都说对方的言说于世无济。而今日相逢竟如何？在濠梁之上清风徐来，碧水安流而儵鱼穿梭往还。庄子说："是鱼之乐

惠子有诘

也。"惠子反问:"子非鱼,安知鱼之乐?"庄子又反诘:"子非我,安知我不知鱼之乐?"惠子又说:"我非子,固不知子矣;子固非鱼矣,子之不知鱼之乐,全矣。"辩论至此,惠施似乎胜券在握了,想不到庄子山回路转,说:"让我们还是回到原来的问题吧,你刚刚说过安知鱼之乐,这是你既已知道我知鱼之乐而又问我啊!"(见《庄子·秋水》)这场辩论固然是十分机智有趣,而问题的深刻意思不止于辩论本身。一个是以童心体物,与大自然了无界限的庄子智慧,一个则是不理解天地之道"其犹一蚊一虻之劳者"(《庄子·天下》)的典型的惠施智慧。然而惠施在此已表现出他卓荦不凡的思辨能力,而且他已是在试用形式逻辑初步推演了。庄子在物我齐一的精神上是超越了惠施,但在这场辩论上只是打了个平手,谁也没有超过对方的得分。

庄子一直不满意名家的"论辩",以为他们"饰人之心,易人之意,能胖人之口,不能服人之心"(《庄子·天下》)。惠施和他稍后的公孙龙,被称为"名家",重逻辑与概念,倘若在中国"名家"大行其是,那么中国的逻辑学会得到发展,可惜的是这些天才的思辨家们,虽提出过不少正确的命题,却同时夹杂着诡辩,在历史的长河中渐渐消遁。直到近代严复翻译"名学"(逻辑学)才将西方科学的基础逻辑学介绍到中国。

惠施死后,庄子感到失去对手的寂寞。他来到了惠施的墓前,对跟从的人讲了一个故事,说郢中有一个人在鼻尖上涂抹

郢人运斤成风

一层薄如蝇翼的白垩泥，叫一位石师傅挥斧削之，石师傅"运斤成风"，飕的一声把薄薄的一层白垩泥削尽而丝毫未伤其鼻，郢人站立着，不动声色。宋元君知道这件事后，召见石师傅说："请你表演给我看一下。"石师傅说："我曾能如此，而今郢人已死，我不再有对手了。"庄子说，惠施既死，我再也找不到对手，也不再有人够格与我辩说了。

古往今来，势均力敌的对手有的相互倾慕，如巴尔扎克之于司汤达、雨果之于巴尔扎克；有相互讥刺而实质重视的，如庄子之于惠施、朱熹之于陆九渊；有因妒嫉恼恨而致残害者，如吴道子之于皇甫轸、萨里埃利之于莫扎特。众生殊相，非止一端，有可赞者，有可惜者，有可鄙者、古今皆然、可为一叹。